Borrowing

Brilliance

The Six Steps to Business Innovation
by Building on the Ideas of Others

David Kord Murray

[美] 戴维·穆雷——著 苏予——译

如何打造你的爆款创意

江西人民出版社

谨以此书献给
南希·科德，南希·穆雷，我的妈妈和奶奶。

目 录

序　言　**漫长崎岖的旅程**
前　言　**盗亦有道**
原创的起源 / 10
乘创新之风，破创新之浪 / 14
概念时代借用才智 / 17
万水千山待启程 / 21

I 创意的起源

01 第一步：定义

问题中的第一个问题 / 7
问题中的第二个问题 / 9
打基础 / 11
识别问题 / 13
确定根源 / 20
理解问题的范围 / 25
选择问题 / 31
长途跋涉的第一步 / 35

02 第二步：借鉴

创意的来源 / 40

材料决定设计 / 42

来源决定感知 / 44

寻找原料 / 46

学习你的竞争对手 / 49

从观察中借鉴 / 57

学习其他人 / 60

远离家的旅行 / 64

从反面借鉴 / 65

从类似处借鉴 / 69

从远方借鉴 / 72

长途跋涉的第二步 / 79

03 第三步：结合

定义创新 / 87

创意带来复杂性 / 88

制作创意组合 / 91

把比喻当作结构 / 92

构建创意 / 98

建立比喻 / 102

扩展比喻 / 109

舍弃比喻 / 118

长途跋涉的第三步 / 122

II 创意的进化

04 第四步：孵化
重复的思想 / 130

影子本身 / 133

潜意识思维的三个阶段 / 136

第一步——输入 / 138

第二步——孵化 / 141

第三步——产出 / 152

长途跋涉的第四步 / 166

05 第五步：判断
迷姆（Memes）和创意的进化 / 172

判断是观点的结果 / 175

判决的作用 / 178

消极判断 / 180

积极判断 / 186

情绪判断 / 192

直觉是判断的结果 / 199

长途跋涉的第五步 / 203

06 第六步：提升

左脑思维 / 211

右脑思维 / 213

全脑思维与自组织 / 215

天才的模拟 / 217

第六步是回到前面的步骤 / 219

重新定义问题 / 221

重新借用材料 / 228

重新组合结构 / 234

重新孵化解决方案 / 246

重新判断一切 / 249

成功地借鉴头脑风暴 / 251

长途跋涉的第六步 / 256

结　论　**少有人走的路**

客观存在的悖论 / 267

智慧悖论 / 269

情人的悖论 / 272

天才悖论 / 274

矛盾意向 / 275

误会的迷雾 / 277

长途跋涉的最后一步 / 279

| 结　语 | **多么漫长崎岖的旅程** |
| 附　录 | **六个步骤的总结** |

致　谢

出版后记

序 言
漫长崎岖的旅程

> 我从里诺匆匆离开,
> 二十狗仔紧紧尾随。
> ——杰瑞·加西亚 [①]

5 000 万美元。

这笔钱,写在了合同的最下方,也是银行为我的新公司提供的启动资金;不过它将很快从我手中溜走,我的个人账户不会发生任何变化。人们常说从错误中学习经验,从失败中吸取教训。好吧,如果这是真的,那么我已经花了高达 5 000 万美元购买真知灼见。不是每个人都经历过这么大的损失,损失的速度如此之快,如此惊天动地。我说的是真事。这是一个寻找创意的故事,我会谈谈创意的起源是什么,如何构建创意,以及它如何演变。所以,这就是我花 5 000 万买的东西,我从这

[①] 杰瑞·加西亚,1942.08.01—1995.08.09,The Grateful Dead 乐队吉他手。

次找寻中学到的是：创意是由不同的想法构造的，没有绝对原创的想法，我们不能从无到有去创造，我们必须借鉴过去。创意来自其他创意。这就是为什么我说创意是借来的。

现在是，过去是，将来也是。

好好想想吧！

看着桌上的 5 000 万美元的"赌注"，我努力让自己镇静下来。我不想过早亮出底牌，因为这是我人生中最重要的一次谈判。我试图虚张声势，试图结束交易赢得这笔钱，这是我的首轮秀，我却坐立不安，难以集中精力。我的额头沁出豆大的汗珠，希望他不会注意到。

"就这些？"我问。我的手由于紧张而潮湿，于是我把双手藏在桌子下面。

"去你的，戴维，"他说。

他是一位年轻有为的银行行长，45 岁左右，看起来很真诚，也许我可以信赖他。针对他的开价 5 000 万，我还价 6 000 万，因为我认为这是每个人都会使出的招数。他笑了。其实 5 000 万美元对于一个初创公司已经很多了，这个数，是前几天通用电气资本出价的两倍。我的公司，叫 Preferred Capital，它的资金来自我的个人储蓄和公司运营的现金流，没有债务。所以这

5 000万美元，有大部分将进入我的口袋。对一个来自马萨诸塞州的中产阶级孩子来说，已经很不错了。

那天我们签署了5 000万美金的意向书。随后是为期一个月的尽职调查，银行会审查Preferred Capital公司的收益表和资产负债表，其次是资产负债正式转让，一张写了好多零的支票。那是1999年的秋天，我期待着新年的到来，它意味着新的世纪、新的千年、新的开始。我不害怕审计，因为我看过一些书，做了准备工作。这些都是走个过场。

四年前，我成立了信贷公司Preferred Capital，为其他公司提供贷款和租赁服务，他们可以用这笔钱购买设备，比如电脑、复印机、家具等。Preferred先和客户进行合同谈判，然后把发票寄给设备供应商，待设备安装完毕就把合同出售给银行或通用电气资本。在最初的几个月里，我是公司唯一的员工，身兼总裁、营销经理、销售代表、金融分析师等职，还负责接待。我有一张办公桌，两部电话。我并无野心去创造一个发展最快的美国公司，我只想自己当老板做决定，实现个人抱负。我最关心的是生活方式，而不是收入或股票收益，也不是公司业绩两位数的增长。我不想参与激烈的竞争，所以我搬到了太浩湖[①]，把Preferred Capital公司安在了湖畔，因为我认为这是世界

[①] 太浩湖（Lake Tahoe），位于美国加州和内华达州之间的高山湖泊，海拔1897米，冬天降雪期长达8个月，路面经常积雪盈尺，湖水却不会结冰。

上最美丽的地方。

一百年前，马克·吐温谈论过这片相同的湖岸，说这里是"地球为人类提供的最美的风景"。和马克·吐温一样，我在第一次横跨美国大陆东西海岸的越野旅行中发现了太浩湖。真不敢相信还存在这样一个地方，当我第一眼看到它，就想把它变成家。深绿色和蓝色是主色调，森林、高山和清澈的湖水完美结合，倒映着深蓝的天空。天越蓝，湖越蓝，在这高山深处，蓝到了极致。之后的20年，我对家人和朋友说："有一天我要在太浩湖定居。"所以当我创办Preferred Capital——一家通过邮件和电话就能开拓市场的公司时，我发现可以一举两得。我可以做我自己的老板，同时，生活在太浩湖的蓝色世界里，两全其美。这一天终于来了，我的梦想也变成了现实。

然而，公司的成长比我想象得更快、更大。刚开始公司的资产只有5万美元，之后Preferred Capital拥有超过300名员工，十几个办事处，收入超过20万美元。每个季度，Preferred都能扩张一倍；利润稳超上个季度。我成了一个管理高速扩张的公司的多面手——招聘、培训、营销，我都一手抓，我还负责优化这些体系，以便控制这家公司。我身处吸金风暴的中心，现金从我的公司里不断流入流出。我成了百万富翁。这是激动人心的事情，我在激情的飓风中迷失了自己。太浩湖的生活方式已经离我远去；我要变得比后来的人更强大、更厉害、更勇敢。

序　言　漫长崎岖的旅程

我在加利福尼亚州圣克利门蒂的悬崖边买了一套五百多平方米的海景别墅，在内华达州克里斯特尔湾买了第二套房子，坐落在太浩湖岸边。车库里塞满保时捷、揽胜，家里安装了时下最先进的电子设备。我赢了比赛（rat race），可是莉莉·汤普琳指出一个事实：我还没有摆脱"鼠辈"（rat）的身份①。

有一天，我坐下来倾听一位雇员的抱怨。这个穿着短裙的年轻漂亮女孩，在向我抱怨另一个穿着更短裙子的年轻漂亮女孩是如何地缺乏专业素养，我开始走神，我想知道这是怎么回事。梦想有没有照进现实？我变成了一个官僚主义者，通过协调裙子的长度让每个人都高兴。够了，我想我该出局了。我是一个企业家，一个有想法的人，不是一个经理人。Preferred Capital 公司现在需要的是专业的管理，而不是一个新的创意。让别人去担心裙子的长度吧。是时候把它卖掉，退出比赛，回到最初的梦想，回归到青山绿水的生活。我已经拥有得足够多了。当时还是 90 年代末，互联网泡沫引发了一系列并购狂潮。那些收入很少或根本没有收入的公司都能卖出奇高无比的价钱。另一方面，Preferred Capital 已经形成成熟的商业模式，它的收入和利润数以百万计。这是一次非常划算的收购，所以银行愿意出资 5 000 万。

---

① rat 在原文中一词多义。rat race 指激烈的竞争，用 rat 形容人则指鼠辈、卑鄙小人。作者说自己赢了 rat race，可是仍然是一只 rat。

签了意向书后，离收购正式结束还有一个月，我决定环游世界。打包好行李、滑雪板和冲浪板，我叫上兄弟约翰和几个朋友，前往洛杉矶国际机场开启了冒险之旅。一开始，我们先去日本探险一周，在高峰时间挤地铁，喝清酒，晚上吃寿司。然后，我们前往印度和喜马拉雅山，在世界最高的山上滑雪。从那里出发，我们又在加德满都待了几天，下榻珠峰山脚的雪人牦牛酒店（Yak and Yeti Hotel）。然后我们来到尼泊尔南部的大草原，徒步旅行、露营，寻找黑犀牛和西伯利亚虎的踪迹。随后我们去泰国曼谷感受嘈杂喧嚣，最后来到巴厘岛，徜徉在南太平洋外礁，在小帆船的露天甲板上玩冲浪。这只是前奏，美好的生活在等着我，一个我想要的最初的梦想，探索地球不问世事，时不时回到太浩湖的蓝色世界修整旗鼓。

一个月后我回家了。我要去"结束"交易，回到我最初的梦想里。我被叫到纽约签署最后的文件，把资产和负债表亲手交给对方，拿到支票，远离疯狂的竞争。永远不再回来。

我走进帕克街的董事会，上衣口袋里别着一支50美分的比克笔，这还是我从酒店房间里顺来的。整个上午我都在练习签名。我想这是我最后一次穿西装吧。肾上腺素在我的血管里奔跑，就像从喜马拉雅山冲向南太平洋的珊瑚礁。这将是我职业生涯中最重要的一天，因为这将是我最后一天上班。我要第一个越过终点线，跑着跑着就这样赢了比赛。

序　言　漫长崎岖的旅程

"你好，戴维，"银行行长说。这是他第一次叫我的名字。他向我介绍了两位律师，他们没有准备文件，也没拿公文包，所以我没有签任何东西。出事了，还是件大事。

我不记得谈话是如何开始的或者又说了些什么。就这么忘记了，就像一个人在惨烈的车祸里失去所有记忆。我所知道的是：联邦存款保险公司在前一天关闭了银行。银行的房贷部门发放了太多的担保不足的信贷额度。到今年年底，银行资不抵债，倒闭了。这一切与我或我的公司无关。除了银行放弃收购 Preferred Capital，我们几个月前签署的意向书现在也一文不值。在此期间，按照合同约定提供 3 000 万美元资助，已经无法兑现，但是这笔债务却在公司账单里；我们已经产生了这笔交易，并获得他们的批准，现在我们正在等待资金。换句话说，我再次回到疯狂的竞争（rat race）里，这次我被远远甩在后面，因为我现在负债 3 000 万美元。

我走出会议室，像变了个人。我失去了支票，得到了一张我付不起的账单。如果合同早几天通过，我就不会在这写这个故事了。

我打电话给通用电气资本，一个月前这家公司还愿意提供给我 2 500 万美元，但命运总是充满讽刺，当时的总裁已经辞职，去 Intuit 公司 TurboTax 部门当老大了。通用电气资本现在的临时总裁，对前任的任何交易都不感兴趣。所以，在接下来的几个月我和我的员工们一直在努力节流，但这远远超过我们所能掌控的。像葛底斯堡之役①的高潮"皮克特冲锋"一样，这是一次勇敢和值得尊敬的努力，不过从一开始就注定难逃一死。我的现金储备快用完了。如果我没有这么自大，我会在银行撤回要约的那天就关闭 Preferred Capital 的大门，带走数百万美元，但这种想法从来没有出现在我的脑海。我的自负让我相信，我能战斗，能开拓市场，能管理好，能走出困境。毕竟，我擅长开疆拓土，所以我有信心能保持头脑冷静。但我错了。事情变得越来越糟，我的世界快要崩塌了。我被困在流沙里，越挣扎，陷得越深。

年底，我的公司完了，剩下大量的赊欠和违约。200 名员工下岗。很多人都是我的朋友，我觉得我违背了对他们的承诺。离开的人感觉到了即将来临的厄运。律师、枪和钱都无法拯救我。我已经沉没了。

我无法应付这个局面。本来只是偶尔喝酒的我，现在和酒瓶的关系亲密起来。我开始酗酒。工作结束后，我就泡在当地的一家小酒吧"湖心的杰克（Jake's on the Lake）"里。我通常坐在酒吧靠后的位置，就在角落里，挨着出口。如果有必要，我会吃了霸王餐马上逃走。一个朋友曾告诉我，伏特加配红莓

---

① 葛底斯堡之役：1863 年 7 月 1 日，15 万名士兵在命运安排下，相会于美国的葛底斯堡，这场战役是美国南北战争的转折点。

汁是不错的酒精饮料搭配，能给人带来最大的愉悦，却很少带来宿醉的痛苦，所以我选择了它。

"和平常一样吗？戴维？"调酒师问我。

"是的，提姆。上酒吧。医生说我需要一小时喝四杯。"提姆笑了，很慷慨地倒了一杯 Stoli and Cran 给我。我微笑回应。

"你还好吗？"提姆问。

"很好，"我撒了谎。他不知道我内心刀绞般的痛苦。

第二天，我悄悄地离开了太浩湖。我卖掉了我在 Preferred Capital 的股权，卖了几千美元而已，离开了这个世界上最美丽的地方。我不知道我要去哪里，或者我是否会回来。几个月后，我申请了个人破产，搬进了租来的公寓，隐藏在亚利桑那州坦佩市。我在 11 月的暴风雪里开车离开了太浩湖，我回头看了一眼湖。它不再反射出湛蓝的光芒。它是黑色的。

你懂的。

前　言

盗亦有道

时间回到 25 年前，我坐在等待室里。这是马萨诸塞州的韦斯特伯鲁公立医院。那时的我还是个年轻人，还有一头茂密的头发。我在等我的朋友萨基斯·科加巴谢安（Sarkis Kojabashian）。我叫他"金枪鱼"，因为他的名字 Sarkis 听起来像"Starkist"，Starkist 是一家卖金枪鱼罐头的公司，我根本不知道"Sarkis"是什么意思。他在医院工作，我来接他，所以我们可以开车去科德角①过周末。

"金枪鱼"告诉我这是韦斯特伯鲁在 100 年前开设的医院，为了救治十恶不赦的罪犯。随后改名为韦斯特伯鲁疯人院。后来又叫州立精神病院，现在它成了公立医院。这里的空气充斥着医用酒精、潮湿床单和干燥的小便味。我觉得毛骨悚然，我

---

① 科德角，Cape Cod，位于美国马萨诸塞州南部巴恩斯特布尔县的钩状半岛，这里是欧洲殖民最早到达的地方，至今还保存着很传统的建筑风格。

不敢相信朋友把时间浪费在这种地方。萨基斯想成为一名精神病医生，他在医院当勤杂工积累经验，修大学学分。我认为这是个坏主意。

我对面坐着一个瘦弱枯瘦的中年人，穿着医院的绿色工作服，像个医生或手术室里的人。他没有理我，也不在乎我还在这里。他来回摇晃，喃喃自语。我肯定他不是医生。我努力地想要听清他说了什么，但是听不清。他吟诵着什么，不停重复。

"金枪鱼"他人在哪里？真想离开这个地方。现在我听懂了。我知道他在说什么，他想要什么。

"我要一把枪，"他喃喃自语。很好，我想。"金枪鱼"把我和一个精神病杀手留在一处，和一个殖民地罪犯的余孽待在一起。这家伙想掏出罩衫下的史密斯韦森（Smith & Wesson）转轮手枪，或用自制的长杆攻击我。

"我得去拿枪。我必须找到一把枪，"他重复着，说得越来越快，越来越大声，也越来越绝望。"我得去拿枪。"

就在这时"金枪鱼"进了房间。"嘿，穆雷！你怎么样啊？"他一边打招呼一边给我一个紧紧的拥抱。

我生气地推开他，气氛紧张得像一场暗杀行动。"把我从这儿弄出去！"我说。

"怎么了？"他问。

"你究竟在想什么？"我一边说着，一边和他一起走到安全的走廊里。

"哦,你不是害怕比利吧?"他问。

"那家伙疯了。"

"这不废话吗,你以为你在哪里?"他回答。

在大厅,我还能听到微弱的声音,"我要一把枪,我得去拿枪。"

我对萨基斯说,"他很危险,他一直说他要去拿枪。"

金枪鱼笑着说:"穆雷,他不是说他要拿到枪(gun),他在说要拿一些口香糖(gum),用来吃的,不是用来打你脑袋的。"在去海角的路上,萨基斯告诉我,比利是两年前来医院的。他的经历很悲惨,在过去的大部分时间一直在说他需要"口香糖"。萨基斯表示理解,他在一个糟糕的交易中损失了毕生的积蓄,被自己的合作伙伴欺骗,现在的比利只能生活在新英格兰一个小地方的精神病院里,天天待在阴冷潮湿的病房里。每天萨基斯会给他一包口香糖——黄箭口香糖,大红牌口香糖或者 Bubblicious 口香糖,他无时无刻不在重复地请求,一遍又一遍,尽管他吃到了口香糖。

难以置信。

25 年后我隐居在亚利桑那州坦佩市,不禁想起比利,他能否走出来,不再自言自语地重复?他有没有离开韦斯特伯鲁?

我不知道这些问题的答案。永远不会知道。然而,我却开始怀疑自己的心智。虽然我没有不停地呢喃着要吃口香糖，但是总有重复的想法回荡在我的脑海中，虽然我在千里之外，我不知道我离加入韦斯特伯鲁还差多少。我要成为第二个比利了。

我现在在另一家租赁公司做咨询，我的工作是激发新的想法。唯一的问题是，我所有的创意都是在照搬过去的辉煌，没有什么新意。我的同事认为我是"点子达人"，但现在每当我坐下来想点子，我都会逃不开 Preferred Capital 的影响。我的创意总是在重复过去，像比利那样，被困在过去，在一个我无法逃避的思想的峡谷。我需要一些新想法。

我开始博览群书。如饥似渴。我仅有的一点点钱都花在了伏特加、红莓汁和书上。我花了两个多星期阅读创新与创造力的书、商业的书、心理学与哲学的书、科学类的书、神经病学与生物学的书。任何能够帮我产生创意的文字，我都看了。这些书似乎还有些作用。伏特加是一点忙也帮不上。

在接下来的几年里，我在坦佩市的单身公寓里规划着我的愿景，开始走出破产的困境，进入一个全新的职业。我创立了一个小型咨询公司，叫 Kord Marketing Group，取自我母亲娘家的姓氏和我中间的名字，这家公司可以为不同规模的企业制订新的营销计划。

不到一年，我获得了为硅谷最著名的软件公司做咨询的机会。我为他们提出了一个富有创意的直销计划，大大提高了自留额比率（retention rate①），使他们的收入提高了5 000万美元，公司利润也增加不少。回想起来，这个想法似乎很简单，所以他们公司的高管会挠着头问："为什么我们之前没有想到呢？"这家公司的创始人可以说在硅谷的软件战场上身经百战，也是"以其人之道，还治其人之身"的方式击败比尔·盖茨的少数人之一，他很好奇我是如何想出这个点子的，而并不对这个点子本身好奇。

"你是怎么想到的？"他问我。

我告诉他，我先研究他的业务模式，然后观察其他公司如何解决类似问题。然后，我从其他地方借来创意，构建了新的直销计划。这并不难。一旦我找到原材料，就能很快拼接它们来解决我的问题。

"酷！"他说。他对这个办法的简单特性和我的解决思路印象深刻，于是他在公司里为我设立了新的职位。我成了创意负责人，我甚至不知道在财富500强公司中有这样一个职位，我要做的就是提出新的想法，并教会公司其他人照做。这份工作，促成了我写一本书，就是你手中这本。

起初，我被新职位吓倒了。如何教人创新？这可能吗？我开始学习创新思维。作为一名经过培训的工程师，我在寻找一

---

① 自留额比率（retention rate）：在股票估价中，影响分红持续增长的因素。和股息支付率之和为1。

个可供操作的创新防范，但我读到的所有东西似乎都语焉不详。另一方面，我原创的想法大多平淡无奇，我只是盗用或从其他地方借鉴创意。在我的新职位上，我必须开发一个更复杂的方法，至少我是这样认为的。

我发现大多数人都认为创造力是一种天赋。他们说，这没法教，这是与生俱来的思维过程。要么从一开始你就拥有它，要么你将永远不具备这种能力。我越钻研，越觉得难以解释如何形成创造性思维。作为一个课题，创新是奇妙的。教过创新课程的人用诸如"混搭""横向思考""移情"和"模式识别"这样的词来描述它。我不会说得如此直白，我也不懂这些专家在说些什么，这超过了我的理解能力。我学会了头脑风暴，不要批评别人的新思想，但很快我意识到这完全是浪费时间。头脑风暴会议是非常有趣的，但是缺乏实际意义。我对创新的研究越深，我就越糊涂。

我还研究了哈佛商学院的特丽萨·阿玛比尔（Teresa Amabile）的作品。她是全美商业创新领域最著名的专家之一，她说："所有的创新（innovation）都始于创造性的想法（creative ideas）。"好的，我对自己说，这是有道理的，但是我们如何定义一个创造性的想法（creative ideas）呢？它究竟是什么？随着时间的推移，我想出了一个简单的解释：一个有创意的想法一定是新的且有用的。我认为，一个没有用处的新想法，在商业世界里也不会有什么价值。我可以设计一辆方形轮子的汽车，它是新的、与众不同的，但它不会有多大用处。后来我意识到，这个定义不光在商业世界里成立，它也适用于科学界、娱乐圈，甚至艺术界。

我沿着这个思路问了自己两个不同的问题：是什么让一个创意变得有用？又是什么让一个创意焕然一新？第一个问题很容易回答。因为我们要找的是解决问题的办法，所以对问题的定义决定了创意的有用性。解决一个重要的问题，就获得了一个有用的创意。对吗？但是，第二个问题，有点难回答。

为了弄明白，我开始研究创意。我观察自己的创意、同事的创意，和其他人在商业、科学和艺术上的创意。我读了比尔·盖茨、史蒂夫·乔布斯，还有那些谷歌大佬的传记，寻找他们创意的来源和形式。我还研究了查尔斯·达尔文、艾萨克·牛顿、阿尔伯特·爱因斯坦、托马斯·爱迪生和乔治·卢卡斯的传记，然后再研究他们的创意。我不是在定义他们的思维过程，我只想确定他们的创意结构。是什么让他们的创意前无古人的？我花了不少时间，刨去那些废话，迷雾终于消散，我意识到每一个新的创意都建立在现有的创意上。不管是我发明的简单直接的营销理念，还是爱因斯坦复杂的理论物理，它们都是现有发明的二次组合。当然，爱因斯坦的那一套更为复杂，但它仍然是借来的想法。他甚至说过："创新的秘密在于知道如何藏而不露。"

啊哈，我对自己说。也许我不是一个黑客。也许小偷中也有荣誉勋章。也许我们都是小偷。有了这个新的见解，事情变得越来越清晰。我开始告诉人们：创意来自其他创意，没有例外。我觉得自己像童话《皇帝的新衣》里的孩子，只是在陈述一个明显的事实：皇帝没穿衣服。你们会以为我在胡说，而我不过在陈述着创意的事实，把人们对创意的"被动等待"变成"积极探索"。换句话说，创造性思维就是在寻找已经存在的想法，而不是等待想法突然进入你的头脑。

我开始宣称，辉煌的创意不过是借来的。我发现这不只是现代知识生活的一个特征，而是古往今来都存在的现象。那些创新者，比如艾萨克·牛顿和威廉·莎士比亚，在他们生前就被指控过剽窃和抄袭。我一点也不惊讶。"想法是由其他想法产生"，这句话在剽窃和创造之间划了一条细微的分界线。事实上，在对艾萨克·牛顿的调查中，我发现他在创立微积分后被指控剽窃，他坦白了并成功地捍卫了自己，"是的，为了看得更远，我站在巨人的肩膀上。"换句话说，牛顿是在坦白，他所建立的思想是从别人那里借来的。

当我更多地思考这个问题时，我逐渐明白，想法就像物种一样，随着时间的推移而进化。现有的观念被改变、被融合，用来构建新概念；几何、三角、和代数结合形成了数学。我猜想，

前　言　盗亦有道

几千年前，一个尼安德特人①在家门前爬山时，不小心碰掉了一块大石头。他看着它奇迹般地从山坡上滚了下去，他"啊哈"一声，有了主意。第二天，他便用另一块石头凿刻出第一个轮子，这个新发明让他的邻居们惊讶不已，而这个创意借鉴和复制了前一天他自己对生活的观察。另一个勤劳的尼安德特人复制了石轮，不过他取材于一棵倒下的树，所以这个轮子更容易滚动。第三个人把篮子和木轮结合起来，创造了第一辆手推车，用它来运一头死去的剑齿虎的尸体。后来，这个创意再次被借用，和一匹马组合，配备了第二个轮子，第一辆双轮敞篷马车诞生了。马车上又增加了两个轮子，第一辆四轮马车出现了。最终，马匹被蒸汽机取代，第一辆汽车完成了。凡此种种，不一而足。每一次创新都是建立在以前的组合上。我研究得越多，越意识到借用创意不仅仅是一种思维技巧，更是核心的思维技巧。迷雾消散了。对我来说，创造力是显而易见的，为什么大家还没弄明白这一事实呢？

所以我开始在雇用我的软件公司里教授这个方法论。然后发生了一些有趣的事情。在向首席执行官和他的管理层做了演讲后，公司的首席法律顾问把我带到一边。"戴维，"他说，"我喜欢你的演讲，我认为你是做了功课的，但你不能把这个教给我们的员工。"

---

① 尼安德特人（Neanderthal Man），常作为人类进化史中间阶段的代表性古人类群的通称。因其化石发现于德国尼安德特山洞而得名。

"我不明白，"我说。

"你不能教我们的员工窃取其他公司的创意，"他说，"从法律角度来看，这太冒险了。你必须把这个部分从报告中删除。"

我难以置信。如果不能挑明地说"竞争对手通常是你创意原料的最好来源"，我如何教授借用创意？那一刻，我意识到在创意过程中为什么会有如此多的误会。没有人愿意承认他们是小偷，创作过程的核心是"借"。为了创造，你不得不复制。具有讽刺意味的是，剽窃者和创意天才，在做几乎相同的事情。首席法律顾问告诉我把这个过程伪装一下。他叫我加上一层迷雾，这样我们以后就不会被起诉了。

正是这种经历让我直接感受到创作过程为什么如此扑朔迷离，笼罩在说不清道不明的迷雾中。盗窃和创意之间的界限模糊了创造的过程。大多数人对创造力的实质秘而不宣，借此获取了既得利益，就像首席法律顾问一样。我知道，在一个以经济和法律为基础的社会，如此费尽心思地隐藏创意过程并不是什么阴谋，这是顺理成章的结果。你看，正是创意的原创性带来了货币价值。是独创性，为创意制造了一层迷雾。

原创的起源

美国第七巡回上诉法院法官、《论剽窃》的作者理查德·波斯纳（Richard Posner）说："……和我们不同，在莎士比亚的时代，人们所理解的创新是改善而不是原创，换句话说，创新就是创造性模仿。"他接着解释说，"难点不在于莎士比亚时代重视创造性模仿，而是在今天，现代意义上的原创强调要把模仿元素最小化或至少有效地把它们伪装起来。"他在书中解释了14世纪的文艺复兴时期出现的原创和抄袭的概念。在此之前，很少有艺术家、建筑师、科学家或作家在他们的作品上签名。创新和创造力被认为是协同努力，通过复制其他创意逐渐改进。抄袭的概念是不存在的。"复制"和"创造"根植于同一事物。复制的人有义务改进复制品，仅此而已。

事实上，"复兴"这个词在法语里意味着"重生"。我们认为，文艺复兴作为一个历史时代，是一个创意大爆炸的时代，同时它又是一个复制大爆炸的时代，因为"重生"是基于对古希腊思想的再发现。艺术史学家、作家丽莎·朋（Lisa Pon）说："如果文艺复兴是一种致力于寻找新方式新秩序的文化，那它也是一种找寻原创根源的文化。"只要重新发现了希腊人的思想，就可以模仿、重组，并用来解决新问题。"16世纪的模仿挑战，"朋说，"是详尽地复制已经选好的模型，让自己的影响力被大众认可，但是要制造足够的分歧，这样才能保证结果是全新的。"这就是我所说的创意的演变，这就是法官波斯纳谈到创新应该被理解为"改进"而不是"原创"时，所要表达的意思。

朋继续解释说，一开始，艺术家是由佛罗伦萨的美第奇家族资助的。达·芬奇和米开朗基罗等人获得了房间、画板、津贴，并被告知可以进行创造活动。创造的重点在艺术品，而不是艺术家本身，所以复制品的价值和原作一样。复制能够得到大众的理解，也是人们所期望的。与此同时，自由市场经济开始发展，有些艺术家开始脱离他们的资助者，独立销售自己的作品。随之演变而来的是，"在第16世纪20年代，顾客往往要求特定艺术家的作品。"正是在这一时期，艺术家开始在作品上签上自己的名字。这催生了"原创"的概念，意思是一件艺术品由一个特定的艺术家创造而不是抄袭别人的。到了文艺复兴末期，原创被赋予巨大的价值，艺术家的签名变得非常重要。抄袭和剽窃现在饱受谴责，为人们误解创造过程蒙上了第一层的迷雾。原创的概念越受吹捧，这层迷雾愈发浓重。艺术家和作家不想分享他们的作品，开始防范复制和欺骗的行为。浓雾笼罩着创作过程，剽窃和原创的细微界限变成了一个缺口，最后变成了鸿沟。今天，这道鸿沟把原创和抄袭区分得远远的，把它们变成对立的行为，可它们原本是平行的概念。

一个世纪后，商业领域也发生了类似的原创性的演变。起初，货物和服务是相似的，它们之间没有区别。肥皂是肥皂，啤酒是啤酒。一开始，稀缺性带动了市场。产品之间的区别不在产品本身，而是产品的价格。18世纪经济学家亚当·斯密在他的自由市场经济概念中并没有提到品牌。他说,市场是由供给和需求驱动的。产品是商品,是能够自我复制的物品。到第19世纪初,商业成功是由成本驱动的。创新和差异化体现在机械和生产过程中,而不是产品本身或营销方式。

到了19世纪中期,工厂开始大量生产价格更便宜的产品了。肥皂这样的商品被成桶地运到当地市场,一些工厂开始用烙铁给桶打上记号,就像大农场主给他们的牛羊做上记号一样。"品牌"一词开始兴起,随之出现的是产品差异化的概念。随着包装商品的出现,商标出现在包装上,人们开始强调产品的原创性。客户开始喜欢棕榈香皂胜过象牙肥皂或者喜欢象牙香皂胜过棕榈香皂。产品本身代表了创意和品牌,成为一个宝贵的资产,如同文艺复兴时期的艺术家。能够使用创意品牌让自己差异化的公司开始打响早期的品牌战争,并且获胜,比如宝洁。抄袭宝洁的产品是不被接受的非法行为。

一旦原创的概念站住脚跟,随之而来的是知识产权的概念,如版权、商标和专利,用来保护创意的发明者。这些概念把创造过程掩盖在误解的迷雾中。今天,这种误解导致了一个创意悖论。我们被教导要重视原创性,鄙视抄袭或复制,但抄袭才是创造力的源泉。因此,我们被迫隐瞒或掩盖我们想法的来源,害怕社会或法律的报复。没有人愿意承认他们是如何形成自己的想法,害怕自己被安上剽窃者或思想小偷的称号。这种掩饰并不总是故意的，通常是在潜意识的阴影下完成的。你不知道自己想法的起源，因为它神奇地出现在你茅塞顿开的那一刻。但是正如爱因斯坦所说，创造的秘密是隐藏你的来源，因为他知道创意的真正来源是其他人的创意，创意催生下一个创意。它们互相成就。现在你也知道这个秘密了。

在过去，这种保密和误解是可以容忍的，因为很少有人靠创新为生。创新只是少数人的行为，如艺术家、传媒人士、艺人、企业家。对于大多数人来说，创造性的过程发生在潜意识中，所以人们认为创造力是一种天赋，要么与生俱来，要么永远绝缘，它不是可以用意识来教导或表现的。但是今天，世界在改变。一波创新海浪刚刚开始，不久创新和创造力将成为我们所有人的工作职责。我知道这一点，因为我一直走在最前端。

请听我解释。

乘创新之风，破创新之浪

在《全新思维》一书中，作者丹尼尔·平克（Daniel Pink）用剧本比喻了经济的进化。经济世界的步骤就像电影剧本，社会成员就像故事里的演员。第一幕，他称之为农业时代，主角是农民。为了在这个时代生存，人们需要强大的储备支持，工作是种植和收割农田等艰苦劳动。第二幕，开始于19世纪，被称为工业时代。主角是工厂工人。生存于这个时代的工人变成了机器,工作就是长时间的、枯燥的、重复的任务。第三幕,是信息时代,开始于20世纪,知识型员工成了主导。根据平克的观点,我们大多数人都是信息时代的孩子,我们身处这一进化阶段的尾端。为了在这个时代生存,工人收集和传播信息,工作就是对事实和数字进行管理。但是在21世纪初,信息已经成为一种商品,所以我们在下一阶段的曙光初期,这个阶段他称之为概念时代(Conceptual Age)。主角,是他所谓的"创造性"的工人。工作性质将从现有的信息管理,变成新信息的创造者。创意工作者,为了生存下去,必须掌握如何驾驭创新的潮流,这一切才刚开始。你需要成为想法的创造者,而不仅仅是消费者或管理者。

对我而言,概念的时代已经到来。当我在一家著名的软件公司扮演创新负责人的角色,后来担任了一家《财富》500强服务公司的创新副总裁,我的工作就是创造新的想法,而不仅仅是管理或消耗现有的创意。我甚至认为即使职位名称里没有"创意"二字,你还是会感受到创造和创新的压力,比如我。曾经,我们用几十年来量度产品生命周期,现在的衡量标准缩短为几年甚至几个月。那些打算一生只服务一家公司的职员,现在开始跳槽。随着产品和职业周期越来越短,创新和创造力的需求变得越来越重要。企业必须以疯狂的速度投资来跟上市场形势，就像商人必须自我再投资，才能保证职业生涯成功。创新曾经是企业家、营销部门或广告公司的责任，现在成了每一位员工的责任。创新不再外包出去，而是成为每个组织DNA的一部分。《财富》杂志对美国顶尖CEO的调查显示，"创新"是组织的首要任务。或者正如汤姆·彼得斯最近所说，"共识正在浮现，创新必须成为所有公司的首要任务。"

1921年，信息时代正悄然来临，克劳德·霍普金斯（Claude Hopkins）写了一本书叫作《科学的广告》（Scientific Advertising），这本书很快成为畅销书，一个新兴的商业学科——营销学视其为圣经。根据书中观点，公司被分割成销售、财务和运营，没有指定的"营销部门"，每个人都在"营销"。那时品牌和商标还处于萌芽阶段，知识工作者才刚刚开始理解和管理它们。

今天，随着新经济时代的到来，一种新的商业学科应运而生，以满足其独特的需求。"创意部门"，正在取代"营销部门"，成为新的业务部门。最近，我参加了圣迭戈的一个创新会议，身边是百思买的全球创新主任、惠而浦的创新副总裁，雷声公司的创新副总裁，和十几位类似职位的高管，而这些职位在几年前是不存在的。这些新的职业化同事，证明了概念时代的出现和商业创新的重要性。这是经济、商业、社会进化的结果。

丹尼尔·平克说："简而言之，我们已经从农民社会发展到工人社会，然后来到了知识分子社会。现在我们还在向前迈进，这是一个创新者和移情者社会，一个模式识别者和意义创造者社会。"换句话说，创新浪潮正在到来，为了把握它，你必须了解如何构建一个有创意的想法。这就是这本书所讲的，教你如何乘风破浪而不是被拍在沙滩上。

概念时代借用才智

这本书的目的是把创新过程从潜意识的影子中带出来，并且走进意识世界。它会消除对创造性的误解，驱散迷雾，掀开它的真实本性，揭示了"创意是借来的"这个事实。创造之前必须借用。一旦理解这一点，你就能在这一过程中把潜意识当作合作伙伴，但你要学习如何控制它，而不是坐等那个难以捉摸的想法进入你的脑海。相反，我会教你如何去寻找创意的来源，以及如何利用这些材料，把它们重组为一个新的解决方案。我的朋友，这不是魔术，这就是它出现的方式。我会告诉你皇帝本来就没有穿衣服。

"借用创意"总共有六步，所以本书分为六章。在前三步，我会使用建筑做比喻。一个创意就像一栋房子。你在市场中遇到的问题就是那栋房子的地基。换句话说，你需要把创意建立在对问题的准确定义的基础上。一旦定义准确，你就可以从有可比性问题的地方借用想法。你可以在其附近活动，借用竞争对手的创意，更进一步地冒险，借用其他行业的创意，最后你可以在商业的范畴之外漫游，在科学、娱乐、艺术世界里寻找类似问题的解决办法。然后，你开始利用这些借来的想法，把它们结合起来，搭建你的房子的整体结构，形成新的解决方案的结构。我会教你如何使用比喻和类比的方法来创建结构，创造新想法的整体架构。我把前三个步骤称为"创意的起源"：

第一步：定义——定义你试图解决的问题。

第二步：借用——从具有类似问题的其他领域借用想法。

第三步：结合——连接和组合这些借来的想法。

然而，建筑比喻只延伸到目前为止。创造新的想法需要一个试错的过程，而这一步是一个工程师或建筑师在设计房子时永远不会尝试的。所以，我想用进化来命名之后的三个步骤。想法的进化，如同有机物种随着时间推移而进化。想法是有生命的东西，有祖先，也有后代，就像石头演变成车轮，车轮进化成马车，马车升级为汽车。想法孕育下一个想法。使用这个谜语，你的潜意识就变成了一个孕育新思想的子宫。你将学会用潜意识定义、借鉴、组合，生成你的思想，所以你需要用问题、借来的想法、比喻组合来喂养这些创意雏形。然后你会培养你的想法，让潜意识形成更加合理的解决方案。我将教你判断新解决方案，推动这一想法的进化，就像有机物种为了生存而进化。然后你将你的判断分为积极和消极，从而找出新方案的长处和短处。通过规避它的弱点，发挥它的长处，用判断来改进这个想法。换句话说，你会像文艺复兴大师的方式去创造，对现有的创意逐步改进。随着时间的推移，你的新想法会成长和进化，最终你会以全新的、原创的面貌将它呈现出来，那些渐进的步骤只会变成这个过程里的化石。我把这些步骤称为"创意的进化"：

第四步：孵化——把组合孵化成一个解决方案。

第五步：判断——识别解决方案的优点和缺点。

第六步：提升——发挥优点的同时，消除薄弱环节。

第六步都不算真正的步骤，它是对前面五个步骤的重复：定义、借鉴、结合、孵化、判断、所有能够消除弱点、发挥优点、改进创意的尝试。在前五个步骤是线性的，相互依存，第六步，更多的是一种随机行为。它更加有机，是一个自组织的过程，在这个过程中它创造了自己，每个项目都是独一无二的。经过判断，你会回到问题本身，重新考虑它，也许会重新定义它，或重新决定去解决一个完全不同的问题。你的积极或消极的判断将开发你的创造直觉，让你深入了解借用什么，从何借用。你会更换好用的新配件，代替不合适的配件。这是在帮你重组想法，让新的组合更好地解决问题。你可以模拟天才，使用左脑思考，对创意进行分解、重置，然后用右脑将它们重新组合。通过这些步骤，你会重新孵化，在创意进化时回到潜意识的源泉。以上步骤的顺序取决于你的独特情况。

我不是大学教授或学术研究人员，这本书读起来不会像教科书那样枯燥乏味。相反，我会用故事来解释我的观点。我会告诉你谷歌的家伙用什么方式定义他们的问题，这种方式如何打开了他们的创新之路。比尔·盖茨如何借用别人的想法，创造了世界上最强大的公司，成了众所周知的硅谷海盗之一。然后，我会解释为什么查尔斯·达尔文做了同样的事情，但是人们不会称他为"爱丁堡谷的海盗"。我将解释如何使用比喻组合，把创意融合在一起，我还会展示乔治·卢卡斯的电影特许经销权的盈利模式，向你展示创意的架构，一旦你理解了，我还会告诉你如何把这一技术用在企业里。然后我会告诉你史蒂夫·乔布斯的故事，以及他如何使用截然不同的人格特质来判断创意，并在这个过程中开发高度敏感的创造直觉。最后，我将告诉你我的亲身经历，带领你踏上这条探索之路。我是如何离开亚利桑那州坦佩市的单间公寓，如何破产，如何崛起，再破产，哪怕希望渺茫，我还是在太浩湖再次安了家。我是如何发现新的想法以及我如何利用它们来开发自己的创意，重建我的职业生涯，最终重新创造我自己。当你读完这本书，你会同意，创意实际上是借来的，触手可及。只要知道从哪里借用原料，把它们放在一起，就能决定你的创造力。当然，你我永远不会成为史蒂夫·乔布斯，那是他与生俱来的天赋，但是我们可以模拟他思考的方式。

所以，让我们开始旅程吧。

万水千山待启程

当然，那时我还不明白上面的话，我正坐在亚利桑那州昏暗的单间公寓，喝着 Stoli and Cran，想起了比利。我祈祷上帝，不要像比利一样结束人生，同时我意识到，我已经进入和比利一样的状态了，因为相同的想法正反复地出现在我的脑海里。

我不知道从哪里开始。一个 43 岁的男人如何从头开始创造自己的事业？摆脱破产的困境？起点在哪里？肯定能找到答案的。

我想要知道答案。

1 创意的起源

BORROWING BRILLIANCE

01 第一步：定义
搞清楚你到底要解决什么问题

时间回到30年前，我坐在湖边，望着湖心岛。四月（April）坐在我身边，四月是我养的狗，它是我忠实的伙伴。它有一半的边境牧羊犬血统，一半猎浣熊犬血统，黑白相间，一只喂养得很精细的杂交狗。我记得这个地方叫北康威，在新罕布什尔州。远处是华盛顿山。在山上，湖的后面是一个小木屋，有我的妈妈、爸爸、哥哥和妹妹。那时我们还很年轻。爸爸还在世，四月也还活着。

"亚伯（Abe），行动吗？"我问。我叫它亚伯，因为它又老又聪明。我想知道它是否想去探索这个岛。

它点了点头。亚伯爱冒险。

然而问题来了：我们和岛之间隔着一汪深潭。游这么远很危险，因为我们俩都不擅长游泳。如果我们想成为第一个踏上湖心岛的人和狗，就得建造一个木筏。做出决定后，我们决心学习哈克·费恩[①]穿过那片湖，完成这个夏天最后的冒险。

回到小屋，我收集好工具，亚伯坐在一旁看着我。我装了一把锤子，一把生锈的锯子和一把旧斧头。这些都是我从爸爸的独轮手推车里拿的。我们朝着湖走去。一路上我们不断收集有用的材料，它们可以解决我们的问题。我们还从建筑工地上借了几块小木板，一张胶合板，一卷粉红色的绝缘线，一些绳子和一把小钉子。

我用斧子砍倒一棵枯树，把树干放下来做成船的龙骨。然后再小心翼翼地把其他木头装在旁边当船体。我还拿绳子把它们紧紧捆在一起。在上面搁几块小木板，小木板上绑上绝缘线，最后放上胶合板，甲板就算完工了。亚伯在一旁困惑地看着我。

几个小时后，我把筏子拖进湖里，给它取了名字，然后开始试航。它勉强能浮起来。船之所以能浮起来，是因为船体的重量等于它排出的水的重量。重量越大，船吃水越深。不幸的是，我的体重足以让船吃水的深度和甲板持平。就让亚伯在大陆等我吧。我要独自去探索这座岛。"对不起，伙计，"我说。

我用我的办法下了水，回头看了看亚伯，它在岸边来回踱

[①] 马克·吐温小说《哈克·费恩历险记》的主人公。其中有一段主人公驾驶着木筏顺着密西西比河漂流的情节。

步，困惑地看着我，像受伤的狼一样叫嚷着。它不明白我要做什么。我埋头划桨，朝小岛划去。木筏适航后，靠水流缓慢地前进着。它在水中移动，就像太阳穿过天空一样，没有一丝移动的感觉。过了一会儿，我回头看看身后。湖岸越来越远，亚伯已经离开了，我继续前进，太阳已经接近地平线了。

像哥伦布登陆圣萨尔瓦多（San Salvador）海岸，我到达了湖心岛。跳下小船，我宣布这里是我的领土。我已经安全涉水，解决了我的问题。我把船留在沙滩上开始登岛。忽然，我听到身后的动静，树林里传来沙沙声。我不是独自一人在这孤岛上。丛林里有人想要偷袭。我转过身，采取防御的姿势，准备对抗。心里却十分害怕。

它不是偷袭者，也不是疯狂的野兽。事实上，它不是敌人，是我忠实的伙伴——亚伯。它冲向我，伸出舌头，摇着尾巴。它全身都是干的，就像沙漠商队里的骆驼。我困惑不已。它到底是怎么到这儿来的?

没多久我就明白了这一切。你看，我的岛根本不是一个岛，而是一个哑铃形的半岛，一端伸进到湖中，靠着一条细细的陆桥连着陆地。而我站在池塘边，是看不到这条路的。这不是一个真正的岛屿，它只是看起来像一座岛。我已经为我的问题设计了一个复杂的解决方案，一个复杂的木筏，我还花了整整一天时间来造船，其实我需要做的就是沿着湖岸走，就像亚伯所做的那样。

好好想想，是不是这个理儿？

30年后，蜗居在亚利桑那州，我要探索一个新的岛屿，要解决一套新的问题。脑海里回荡着的都是重复的想法，因为我在努力想出一些新东西，一是为了我的客户，二是为自己，任何新的东西都可以。我问自己：我该从哪里开始？

我和亚伯在北康威的故事，出现在我的脑海。起初我认为它是一个随机事件，不以为意，后来我意识到这是一个线索，我能沿着它找到问题的答案。我意识到我需要带着问题寻找新想法。随着时间推移，我意识到每一个好的想法都是针对明确的问题的解决方案。更重要的是，我认识到，对问题的定义决定了解决问题的方式。把它定义为一个岛，就需要建造一个木筏，把它定义为一个半岛，走着去就行。两种思路都能从某个角度解决问题，这是肯定的，但是有一双好的登山鞋，何必费尽心思制作一艘船呢？

我在一个黄色笔记本上写道："问题是创意的基础。"换句话说，创意是建立在"试图解决哪个问题"上的。这是起点。这引导我走上一条新的道路。我开始研究问题解决，问题识别，以及问题陈述。在查尔斯·达尔文的传记里，我找到了他对自己研究主题的反思："回想起来，我认为找准问题比解决问题更难。"在阿尔伯特·爱因斯坦的传记，我也找到了他的想法：

"确定问题远比找到它的解决方案更重要。"针对这些名言,我补充了一些故事和一些问题定义的技巧,并把它们写在我的黄色笔记本上。几个月后,这个笔记本里写满了经营理念,对创意的思考,对创作过程的更多见解。

之后几年,我更加明白了"问题以及其在创作过程中的角色"所具备的重要性。我把创作的过程比喻为一个施工过程。我认识到,问题是创意的基础。用沙子做基础,你的创意就会坍塌。建立在坚实的基础上,你的想法更容易实现。花时间研究透彻问题,就等于脚踩在坚实的地面上。要做到这一点,我必须理解问题中的问题。

问题中的第一个问题

第一个问题很简单。如果你像我一样,就不需要花时间去学习和打基础。相反,打基础之前,你要先充电并建造一个精巧的想法。放慢速度。首先,确保你脚踩在坚实的基础上。

书架上放着一本我最爱的关于商业创新的畅销书。它有250页在讨论解决问题的技术,但只用了不到两页的篇幅去描述如何定义一个问题。我们理解创意的实质是针对某个问题的解决方案,但是却没有花时间描述如何找准问题,理解这个问题,或选择正确的问题作为我们解决方案的基础。

你知道要解决问题，但却不知道如何精确定义它们。为生存而战，这是由人的内在特点决定的，迅速做出决定的能力比做出准确决定的能力更重要。你需要的是速度，不是精确度。想象你的祖先在史前时代的草原里，观察附近草地传来的沙沙声。那里可能有一只剑齿虎，也可能只是风吹过草地。这位祖先做了一个快速的决策，跑！他将幸存下来，而这种特质最终将遗传给你；而那个待在原地判断这是不是风吹草丛的声音的人，则更容易被老虎吃掉。他的基因和问题分析能力早就被移出基因库了，根本不会流传到现代。思考的速度属于基因构成的一部分。在处理危及生命的问题时，它很好地保护了我们的祖先，但现在这种基因却会让你误判现在面临的问题，那些并不威胁生命的问题。

你的正规教育只会强化这些坏习惯。在学校里，你被教导如何解决问题，而不是如何识别和定义问题。你的成绩是基于别人的问题的正确答案，还有在大多数情况下你的回答速度。标准化测试，如 SAT，正确答案越多，分数越高。你从来没有机会定义自己的问题。你学会的是快速解决问题，就像史前草原的祖先。如果你想越过一片湖，就得赶紧建造木筏，而不是快速分析问题和正确定义它。

时钟似乎总是在身后滴答作响。问题中的第一个问题，就是快点解决它。问题中的第二个问题是这个不必要的约束所产生的结果。今天我学会了放慢脚步。在构思创意之前,我会先好好研究这个问题。

问题中的第二个问题

第二个问题稍微复杂一点。你专注于解决某一特定问题而忘记这个问题是如何融入一个更大的环境。你选择解决的每一个问题都是众多相关问题的一部分。第二个错误是孤立地感知你的问题,没有理解它的范围。请听我解释。

如果你一直在追求速度,就不会把时间花在解决正确的问题上。你专注于手头的问题,而不是了解它周围的各种问题。每一个解决方案,都会带来更多的低级别的问题。所以每一个问题都是一个解决方案衍生出的结果,在它之上还有更高级别的问题。这是问题解决的本质。正如剧作家萧伯纳所说:"科学,在解决一个问题的同时能催生出十个问题。"

例如,在直销领域,响应率是高级别的问题。为了解决这个问题,你的邮件程序必须由四部分组成:1)一张清单,2)一份邀请函,3)一个包裹,4)邮寄的时间。每个组件都有自己相应的一套问题和解决方案。邮寄包裹包括:a)信封,b)一封信、一份小册子和一份答复表。"信封的颜色"是一个低级别的问题,而整体的"响应率"是一个高级别的问题。然而,它们是密切相关的,响应率可能受信封颜色的影响也可能不受信封颜色的影响。同时,你可以通过邮寄明信片,而不是寄信,彻底消除信封问题,用不同的办法解决了更高级别的问题,消除了低级别问题。低级别问题依赖于高级别的问题及其解决方案。

根据前中情局分析师、《思想者的工具包》(*The Thinker's Toolkit*)的作者摩根·琼斯(Morgan Jones)所说,人们在定义问题时最常犯的错误是范围过于狭窄或过于宽泛。例如,一位负责直邮信件业务的某财富500强公司副总裁,把问题定义为"信封的颜色",这可能是一个太窄的问题,所以很难产生积极的结果。如果把问题定义为"响应率",可能又太宽泛,很难找到适合当前的解决方案。这些错误是因为孤立地看待问题。狭义的问题是低级别问题,广义的问题是高级别问题。

每一个研究主题(subject)都呈现了一系列相互关联的问题,这就产生了高度复杂的问题和解决方案的层次结构。正是这个层次结构形成了你的基础。搭建这个层次结构,是你实现"借来的创意"要做的第一步。理解它,就是要理解问题的范围。这就是达尔文在说"找准问题比解决问题更困难"(注意到他用复数形式来描述问题而不是单数形式)这句话时要表达的真正含义。事实上,达尔文很清楚问题中的问题。他停下脚步,正确地分析他的问题,了解问题的整个层次,不让它们变成孤立的个体。我们能知道这一点,是因为他的著作流传到现今(他用A、B、C、D等划分层级），他用大量篇幅来讨论问题和如何定义问题。高级别和低级别的问题都有。

打基础

千里之行，始于足下。每一个建筑项目都是从最初的任务开始。问题是创意的基础，所以构建创意的第一个任务是打基础。建楼打地基时，涉及选址、奠基，然后浇筑地基，然后建造上面的建筑。同样，构建一个创意基础包括：识别问题（选址）；确定根本原因（奠基）；理解问题的范围（浇筑地基）。创意天才在不断地寻找问题，他们知道创意是解决方案，他们有这样的天赋去识别和理解创意。天才在潜意识中自然地完成了这件事。而你和我则需深思熟虑，有意识地去做这件事。

我在笔记本上记录了很多创新者的故事。它有助于我从实际的角度理解创意的诞生过程。它也会帮助你更好地理解这个过程。想象一下，1996年1月某个灿烂的午后，在斯坦福大学的帕洛阿尔托校区，几位老师、在校生和毕业生常聚集在一栋四层小楼的西南侧。它是一栋米色灰泥配粉色瓦屋顶的建筑，混合着教会建筑的风格，这种风格在学校里很常见。建筑主入口的石头上刻凿了一句话：比尔·盖茨计算机科学大楼。比尔虽然不在，但是工程学院的院长詹姆斯·吉本斯（James

Gibbons）预言："这里要发生点什么了，这里的某个地方，某个办公室，或者某个角落。会有人在这干出点名堂。之后他们便会指着这里说，这是他们工作过的地方，1996 年和 1997 年，并无大事发生。你知道，这是个大事记。"

这个地方，就是这幢楼三层西侧的一个房间——盖茨大楼 360 房间，有两名学生想到了一个很好的创意，他们建立的业务将颠覆他们的竞争对手——互联网多年。具有讽刺意味的是，他们解决了这个问题，却把自己变成其主要竞争对手。这是盖茨几十年前在另一个州的另一所大学的另一间屋子里创办的业务。

谢尔盖·布林 1973 年生于莫斯科，1979 年移民美国。他的父母都是数学家。拉里·佩奇也是 1973 年出生，他出生在密歇根州首府兰辛市，同样也有很好的数学背景。拉里和谢尔盖都是十分优秀的学生，谢尔盖不到三年就高中毕业了。当谢尔盖和拉里搬进盖茨大楼 360 房间的办公室，立刻成了朋友。事实上，他们在学校里就被称为拉谢组合。今天，他们因谷歌的创始人而被人熟知，人们称他们是谷歌大咖。

在盖茨大楼 360 房间，他们讨论了许多问题。拉里来自底特律[①]，所以他对自动运输系统很感兴趣。据盖茨大楼 360 房间的另一成员肖恩·安德森说，佩奇"喜欢谈论自动汽车系统，

---

① 底特律，美国的汽车制造中心。

这个系统里的汽车可以四处漫游，如果你需要一台车，你只需坐进去告诉它去哪里。它像一辆出租车，但是它更便宜，在高速公路上行驶时，车距可以更小。"安德森还说，拉里"对于移动的人或物的问题充满激情。他喜欢以各种方式解决社会问题"。

当然，交通自动化不是他们发展创意的核心。我在这里提出来仅仅是为了说明，一个有创造力的头脑总是在不断地寻找问题，因为有创造力的大脑知道每一个创意都是一个方法，能够解决明确定义的问题。选择建筑地基就像摸着石头过河。在选择建筑地址、构建创意之前，需要查看不同的地点。你必须找到坚实的基础，还要判断应该解决哪一个重要的问题，是否有能力去解决这个问题。幸运的是，拉里和谢尔盖几乎同时独立地找到相同的地点。正如谢尔盖所说，"你越是跌跌撞撞，越有可能被一些有价值的东西绊倒。"

识别问题

创新从识别问题开始。创新者不断地寻找问题，或者说是自找麻烦。正如达尔文所说，找到问题往往比解决问题更困难。所以创业时，要更加了解身边的问题和项目周围的问题。找茬儿听上去似乎有违常理，但事实并非如此。

作为计算机科学领域的博士生，谢尔盖被分配给一位斯坦福大学教授，参与数据挖掘工作。数据挖掘是对大量数据进行分类并从中提取相关信息的过程。拉里在读博时，被分配到另一个教授门下，从事数字图书馆技术项目研究工作。这个项目的目标是设计和实施基础设施，在大型数字图书馆创建、传播、共享和管理信息。

谢尔盖和拉里虽然身处各自的项目，但他们对问题的搜索和查找有关信息非常敏感。企业可以用谢尔盖开发的算法来提取购买数据，从而更有效地为零售商店货架备货。拉里的算法可以让研究人员在一个巨大的数字化图书数据库查找信息。当他们在研究一个不同的低级别的问题时，他们很快意识到彼此在研究一个非常相似的高级别问题。

盖茨大楼 360 房间的深夜，只有冰冷的披萨和加热的红牛陪伴，还有拉里和谢尔盖之间的不断调侃。芒兹纳·塔玛拉作为盖茨大楼 360 房间唯一的女员工，已经学会了屏蔽他们的碎碎念，说："我学会了戴耳机写程序。"在这些讨论中，拉里和谢尔盖开始寻找创意地基。你看，他们都花了大量的时间研究各自的博士项目，利用互联网收集数据，引用新的信息来源。在此期间找到了问题，奠定了思想基础：醉心于搜索引擎。

当时已经有很多不同的引擎，比如 Lycos、Magellan、Infoseek、Excite 和 AltaVista。它们都是为了解决在万维网庞大的网络上寻找信息的问题。其他两位斯坦福博士生在几年前就发现了同样的问题,并建立了一个相对简单的解决方案。杨致远和戴维·费罗(David Filo)没有依靠技术,而是建立一个门户网站解决了这个问题,在这个网站里,人们可以编辑选择的内容,通过高级分类进行分组(如体育、娱乐、新闻、金融,等等)创建清单目录。他们把这个解决方案叫作"雅虎!"雅虎!一跃成为当时的互联网宠儿,而拉里和谢尔盖还在吃冷披萨、喝红牛,挣扎在低级别的搜索引擎思考中。

从某一时刻起,盖茨大楼360房间的讨论变得越来越专注于搜索引擎,还有在互联网上查找相关材料的问题。拉里和谢尔盖绘声绘色地讨论创意的施工现场,而塔玛拉则被迫调大耳机音量来掩盖他们的讨论声。这些谷歌大咖们已经发现了一个重要的问题,一个他们完全有能力解决的问题。他们的数学背景、深厚的计算机知识,以及博士期间专注于研究搜索和组织信息,使他们成为完美建筑师,能够设计出更好的搜索引擎。

对拉里和谢尔盖而言,发现问题只是他们思考问题的自然的一部分。它融入了他们的心灵。对于谢尔盖来说,这种能力早在他上学时就形成了,他去了一所蒙台梭利学校。他没有参加没完没了的测验,而是习惯了找出自己的问题,并按自己的速度去做(他的速度也变得越来越快)。有意思的是,拉里也去了蒙台梭利学校,所以也知道如何定义自己的问题。因此,尽管他们可以很自然地去寻找问题,但我怀疑你我能否自然地完成这样的思考。我们经历的训练是回答问题，而不是制造问题。我们的训练是接受测试，而不是构建它们。我们一直在训练如何避免问题，而不是迈开脚去寻找它们。

既然你想变得更有创造性，就要学习如何更像拉里和谢尔盖那样思考。你必须成为问题的探索者，而不仅仅是解决问题的人。创新者要么制造问题，要么寻找问题，我指的是指派任务和认真观察。两种战术都是用来寻找你的主题的问题。每一个都可以用来选择一个地基，在此构建你的创意。它们可以独立使用，也可以同时使用，就像工匠要用锤子和凿子打好复杂的基础。

寻找要解决的问题。问问你的老板，问你的配偶，询问你的业务伙伴，或者问自己。拉里和谢尔盖都分配过问题，这是他们博士项目的一部分。这些作业让他们开始寻找一个建筑点（construction site）。问题分配，可以让你找到一个地方来建立你的想法。当你识别出它周围的高级别和低级别问题，搭建好问题结构，就能进一步理解这些问题。通过分配，把自己放置到这个层次结构中。

人类最伟大的思想开始于问题分配（problem assignments）。1685年，因哈雷彗星而闻名于世的爱德蒙·哈雷爵士，从伦敦前往剑桥寻找三一学院一位年轻的数学教授。这个年轻人能用他新的数学工具来证明或推翻开普勒行星运动定律吗？接到当时声名显赫的哈雷的受命,这个蓬头垢面的年轻人开始攻克任务,解决问题。几个月后,他让信使把解决方案送到伦敦皇家学会,送到哈雷的手上。哈雷坐在温暖的火炉前喝着英式苦咖啡,他马上意识到,他读的是一篇在学术上意义重大的文章,一个全世界闻所未闻的、最大的、爆发的创造性思维。这个年轻人不仅解决了哈雷留下的问题,还是一个有创造力的天才,他把这次任务分配当作切入点,研究了一个具有更复杂层次结构的相关问题。这位害羞的年轻人已经证明了开普勒定律,而他的解决方案不光能解决行星问题。它能解释所有物体的运动规律,不论物体的大小,不论是在天空还是在地面上。他以惊人的才智解决了一个复杂的问题矩阵。这个问题太重要了。这是一个改变世界的人。这位怪教授就是艾萨克·牛顿。在哈雷的坚持、推动、记录下,他的解决方案发表在一部叫作《数学原理》的书里。数百年后,我以工程专业学生的身份学习了同样的思想。作为一个工程学学生,作为一个航空工程师,我使用牛顿方程,设计建造了一个地球轨道空间站。

在商业中,"问题分配"定义了管理者和被管理者之间的关系。例如,某制造企业里负责产品开发的副总裁设置了部门目标,然后通过直接报告确定了必须解决的问题,目的是保证产品及时生产,同时控制预算。作为一个顾问,我要求我的客户,能够非常具体地说出他们希望我解决的问题。在真正坐下来解

如何打造你的爆款创意

决问题前，我们会花数小时来讨论，分析和界定问题的层次。

分配仅仅是进入问题的整体矩阵的一个入口，正如牛顿使用哈雷的任务分配作为入口，深入研究一个层次更复杂的问题。这是起点，一个建立你想法的基点。

像任务分配一样，我们可以通过观察寻找问题，为进入问题矩阵提供一个入口点。像牛顿这样的创意天才，本身就是观察专家，擅长深入洞察问题层次，让时间停顿，审视打开的新世界。而创造性的观察，对牛顿来说是自然而然的，而你和我必须刻意地去思考。我们要模仿他所做的。那么，是什么让艾萨克·牛顿意识到从树上掉下来的苹果是一个关键问题，也是一个更重要的问题矩阵的一部分呢？要知道在他之前，有数百万人看到了这个现象。

简单地说，它是这样的：观察是在研究模式的生产和破坏。创造天才可以识别模式，不论藏在什么模式下都能识别出来，然后观察它们的出现或破裂。这正是艾萨克·牛顿在林肯郡园林所做的事。传闻说，他首先注意到树上的苹果如同天空中的月亮。它们具备相同的模式（都是圆形物体）。然后他看着苹果掉到地上，注意到它是朝地上坠落的。他把它捡起来，把它举向天空，看到月亮在围绕地球上移动，旋转，却没有像苹果那样掉下来。这颠覆了苹果在他心目中创造的模式。一个是下降，另一个是旋转。是这个观察，也是这个问题，促使他构建了一

01 第一步：定义

个公式来解释苹果和月亮的运动轨迹，这个公式也能用来计算重力及其产生的影响。

当拉里和谢尔盖开始构建创意基础时，他们像牛顿一样使用了观察法。谢尔盖正在准备他的论文，他变得越来越善于识别模式。事实上，据他所说，"我们在研究如何管理大量的信息，就是所谓的'数据挖掘'，如何在它们中寻找模式。"同时，拉里在互联网工作时，他观察了不同搜索引擎的输出，发现很难从结果中得出某个模式。它们充其量不过是随机生成的。然而，他发现了 AltaVista 引擎返回的结果中有一种不同的模式。AltaVista 列出了每个网站包含的链接的数量，这是其他搜索引擎没有做到的。如你所知，每个链接是"热门"的文本或图形，能够带你到另一个网页或另一个网站。正是这种观察，对搜索引擎结果的模式有了简单的突破，最终导致算法创新，这也成为了谷歌帝国的基石。

财务软件公司 Intuit 的创始人斯科特·库克，通过观察创建了他的第一个产品 Quicken。他注意到妻子每个月都在努力平衡家庭收支，于是他在想是否有更好的办法来解决这个问题。后来，当他的公司跻身财富 500 强时，他成立了"跟我回家（Follow Me Home）"计划，雇员可以"观察"顾客在现实世界中如何使用 Intuit 公司的产品。斯科特的员工注意到，客户还使用 Quicken 来管理他们的小企业，这种做法打破了产品设计的初衷。后来导致了一个更为重要的产品的诞生，QuickBooks，这是一个会计软件，它现在成了公司的主打产品。

　　观察是科学过程（scientific process）的基础。正如哲学家卡尔·波普尔（Karl Popper）在《所有的生命无非解决问题》（*All Life is Problem Solving*）一书中所言，观察是主要的科学工具，是一切知识的开始。科学家观察自然现象，然后试图通过假设来解释观察。达尔文观察了模式的制作，比如各种不同物种之间的共同结构元素，以及人类的手的结构类似于鸟的翅膀。亚历山大·弗莱明观察到了他留在实验室培养皿的细菌的模式。然后他注意到一种模式的打破，盘中真菌的周围存在一个细菌无法生长的区域。一开始，他注意到模式的形成——有真菌，然后他认识到打破这种模式的因素——没有真菌。他把培养皿放在一边，后来用它的提取物来破坏细菌。这种提取物被称为青霉素。

　　现在你要研究你的主题，就要更深入地了解模式的形成和破坏，像牛顿、达尔文或弗莱明那样思考。拉里和谢尔盖就是这样做的。通过观察来识别问题，构建创意基础。

确定根源

　　当你找到地基建立你的想法，接下来就要搭好建筑工地。

你已识别了一个重要的问题,这是一个你能解决的问题。但在你着手解决这个问题之前,你得花时间去理解它。在你倾注心血之前,先将其研究透。它就像打地基。摩天楼的基础,是混凝土和深入地心的钢桩,这样建筑物才能在坚硬的基岩上拔地而起,而不会在负重之下摇摇欲坠。对我们来说,就是要理解问题的根源。

几年前,我的朋友大卫·迈耶斯说服我去攀登麦金利山。阿拉斯加当地人叫它德纳里山(Denali),如果从山脚到山顶测量,它是世界上最大的山脉。想要登顶,我们要攀登4 500米高的悬崖峭壁,跨越5 100米高的刀刃岩岭,翻过6 000米高的刀锋冰脊。虽然登山标准对此没有作出特别的技术要求,但对于恐高症和眩晕的人来说,这仍然是相当具有挑战性的。我连步行穿过金门大桥都感到头晕目眩,不辨南北。登顶德纳里山的最后方法,必须要通过那狭窄的山脊,按路线一点一点前进,迷失方向是大忌。在尝试攀登麦金利之前,我必须解决我的眩晕问题。

所以我要找到根本原因。我读了很多书。和攀岩的人交流。让自己在高处练习攀爬。随着时间的推移,我意识到眩晕是一种错位关注。站在悬崖边,我的注意力都在几英尺之外的空旷空间,我不由自主地朝它走过去(潜意识让人靠近自己所关注的事情)。为了应对这一微妙的运动,我又会下意识地让自己退回去。结果是，不稳定带来了不安全感，然后我会下意识地向前移动，然后再有意识地后退远离。这种交替运动是导致我眩晕的根源。

　　了解这一点，我便对自己的意念进行重复训练，让自己关注脚面，不去关注开放空间。我在后院的两块石头上架了梯子做练习，来回穿梭了上百次，有意识地关注梯子，而不关注梯子下面的空间。几个月以后，我用自己在后院发明的注意力转移法，登上了麦金利峰的最高点。我做到了。当然，我现在仍然恐高。不过我解决了眩晕问题，我可以安全地爬到高处，不再头晕。

　　商业、科学或艺术领域，也是异曲同工。我们不能在薄弱基础上建立解决方案，我们也不能没有理解问题本质就去解决问题。我使用了一个非常简单的工具：我会一直问"为什么"，以此构建我的创意地基。解决问题之前，我学会花大量时间去理解问题。我学会了在做筏子渡水之前，先沿着湖走一圈，研究一下这座岛。所以，你也应该这么做。

　　好奇心是所有创造力的共同特征，有意识地使用这个工具能够提升创造力。拉杰夫·莫特瓦尼，这个30岁的小伙子是拉里和布林在数字图书馆项目的斯坦福学校顾问，他回忆说，拉里是一个很有思想的思想家，他总是在找原因——这么做行得通的原因。拉里有没有把"为什么"当成一种定义工具，我不知道，但他的好奇心是众所周知的，他这么做的一部分原因是为了确定问题本质。

像大多数孩子一样,我的女儿凯蒂小时候总爱问我为什么。她的好奇心很有感染力,尽管有时很烦人。为了保护自己,她总是在寻根究底。

"凯蒂,你要做好准备了。"我说。

"为什么?"她问我。

"我们要去超市了。"

"为什么?"

"我们要去买牛奶。"

"为什么?"

"因为牛奶没了。"

"为什么?"

"你喝完了啊。"

"为什么?"

"你爱喝牛奶。今晚我会给你做巧克力饼干吃,你需要喝更多牛奶。"

"好的,爸爸。"

所以你也可以借凯蒂的工具解决自己的问题。一直问"为什么"直到找到源头。听说只要五个"为什么",就能找到任何问题的根本原因。我不知道这是不是真的,因为我记得凯蒂可问了不止五个"为什么"。想想是不是这个理儿?

谷歌大咖一旦发现了搜索引擎的一个问题，他们开始问"为什么"。谢尔盖问拉里："为什么结果这么糟糕？为什么我在AltaVista输入斯坦福，我得到的是一系列色情网站，却没有大学的网址？"他们意识到，AltaVista的算法无法确定不同网站的重要性，它只返回那些页面包含了斯坦福字样的网站。一个色情网站运营商可以通过在网页上重复"斯坦福大学"这个词操纵整个系统，让他的网站排名第一。

一旦他们理解了问题的根源，拉里和谢尔盖就能在更好的位置建立解决方案。是本质，让他们能够站在坚实的基础上理解问题。它改变了他们对这个问题的看法。现在他们必须找到一种方法来确定不同网站的重要性。这个解释将引导他们找到拉里在创作过程早期就观察到的东西，AltaVista记录的链接。

他意识到链接是解决问题的可能办法之一。根据拉里的说法，越多链接指向一个特定的页面，这个页面就越重要。链接就像书的参考书目或研究论文中的引文。"引用说明了重要性，"佩奇说，"事实证明，那些诺贝尔奖得主的发现，会被数以万计的论文引用。"被大量引用"意味着你的工作是重要的，因为其他人认为你的工作值得一提"。我们不仅关注链接的数量，也关注"重要"页面的链接数量。例如，"雅虎"很重要，因为它有大量的流量，所以从"雅虎"的页面得到一个链接，比从戴维·穆雷的主页上得到的链接更重要，因为后者只有很少的流量，或者根本没有流量。这就是拉里和谢尔盖在打地基、架结构开始解决问题时考虑的因素。

你需要确定每个问题的本质。解决你的问题有时只是理解本质的简单事情。20世纪60年代，洛杉矶的高速公路系统交通在上下班高峰期变得非常混乱，人们创造了"gridlock"来定义这种局面（"高峰期"已经似乎不适合了）。造成这一局面的根本原因是所有车都想同时上高速公路。所以这座城市错开了工作时间，在高速公路坡道安装红绿灯，对车辆进入高速进行调节。后来自动驾驶越来越多，这种做法的效果越来越不明显。（今天，他们需要一个新的解决方案。）

当我坐在新罕布什尔州北康韦的小湖边时，我应该一直问"为什么"。这样我就会发现自己并不确定，眼前的这片土地是不是一座岛。提问促使我更深入地探索，而不是在不明确的基础上建立我的解决方案。

现在你已经识别问题（选择一个施工现场），花时间去找出根源（打好地基），最后一步是围绕你的发现来定义全套问题（即浇注混凝土）。

理解问题的范围

我们无法在一个孤立的问题上建立一个解决方案。必须在问题的整个矩阵上建立解决方案：高级别问题和低级别问题。在单个问题上建立的解决方案，就像试图在一根单桩上建一栋大楼。它没法投入使用，最终你的解决方案是不稳定的。

所以，我们必须构建层次结构，这是理解待解决问题范围的唯一方法。所谓范围，体现的是单一的问题和它在矩阵中的位置之间的关系。寻找问题范围的方法有许多。使用已识别的问题作为起点，列出与此相关的所有相关问题。如果是团队合作，那就通过开会，用头脑风暴的方式提问题（而不是提解决方案）。试着列出所有的问题，与你选择的建筑工地有关的所有问题。

当我在一个软件开发团队工作时，我们花了几个星期的时间来定义、分类、分组，最终排列出与我们的产品、营销、客户、公司内部相关的所有问题。我们讨论了技术问题，营销问题，甚至组织问题。

作为 NASA 空间站概念开发小组的成员，我们做了同样的事情。我们花了几个月的时间对问题进行定义、排序、分组，最后排列出与我们未来飞船有关的问题。这些问题包括建造和发射宇宙飞船，在飞船里生活，在飞船里工作，与公司相关的问题，以及和美国宇航局等政府机构合作的问题。

我发现用数据转储来确定矩阵是一个好办法。放飞自己吧。不必担心问题是否重要。不必担心它是否适合，也不用考虑它是一个高级别问题，还是一个低级别的问题。只要找出尽可能多的问题。

一旦你找出所有问题，把它们分类。把"相似"的问题放在一起。就能帮你确定有无遗漏。例如，如果你有一个像拉里和谢尔盖那样的"搜索"的问题，你可以问：我有没有错过其他关于搜索的问题？

分组可以让我们轻松地跳到"借用创意"的下一步——收集材料来解决你确定的问题。你可以从有类似问题的地方借鉴他们的思路。如果你遇到"导航"问题，那么问问自己：还有谁会遇到导航问题？答案有：水手、飞行员、卡车司机、探险家、陷入迷宫的老鼠。然后你可以观察这些人或动物是如何解决问题的。"借用创意"，关键就在这里。你将学习如何从这些和你有同样问题的人、地点和事物中借用智慧。谁知道呢，也许一只老鼠就能当你的老师。这就是为什么对问题的定义将决定我们如何解决它——我们可以在类似问题的地方找到解决方案。

一旦分好组，就可以开始从最高到最低对问题进行排序。对于拉里和谢尔盖来说，高级别的问题，就是在互联网上找到信息。中层问题是创建算法，找到最重要的网页。低级别的问题是获取硬件，他们需要分析整个网络的计算机，确定网页排名和搜索结果。只有自己找到信息，才能告诉别人在哪里找到信息。当然，上述有关问题还有其他很多相关问题。有些问题在拉里和谢尔盖开始解决时，已经被记录了，有些问题还只是浮在他俩的脑海里。

不管你觉得你的问题有多么复杂或多么简单，都要进行分组。创造天才可以自然地这样做，这是他们的潜意识，但你我必须刻意地、有意识地去做。例如，如果你是一名直销经理，就要从确定销售目标开始。接下来是响应率。然后列单子、报价、包装和时间问题。直到你确定了报价、包装颜色、确切的邮寄日期。

分组有助于确定问题的范围，避免方法过于宽泛或过于狭窄。换句话说，在解决问题的过程中，从你列出的清单里选择起点。高级别的解决方案可以解决低级别的问题。但是，我们知道一个新的解决方案将带来一组新的低级问题。这就是为什么问题解决和创造是一个不断试错的过程。无论你构建什么样的解决方案，都会导致其他一些问题。

我已经开发了一套简单的工具来完成这最后一步。我会找出一个"特定问题"，借助它理解问题范围，然后围绕它上下查找。向上查找（Look Up）是指找到产生这个"特定问题"的解决方案，确定特定问题上面的问题。向下查找，是指通过解决这个"特定问题"来确定我会制造出哪些问题。

首先提问：当前问题的产生是由于解决哪个问题造成的？

它能表明更高级别的问题，能确定原问题的范围。在北康威时，如果我在做筏子之前，停下来考虑更高级别的问题（到达彼岸），做筏子是一个较低的问题，我可能会考虑其他的选择，比如步行到另一边。相反，我关注了次级问题，建造了一艘复杂的船。

假设你在福特汽车公司工作，老板让你解决防止客户丢失车钥匙的问题。孤立地关注这个问题将会出现这样的解决方案，比如制作更大的钥匙，带闪烁光的钥匙链，或带电子芯片的、可以回应拍手声的钥匙。然而，使用向上查找工具，你会改变提问的范围，问：设计钥匙是为了解决什么问题？答案是启动汽车。因此，解决这个更高级别的问题，你可以让客户使用组合锁发动车辆，这样就不需要钥匙了，也就解决了钥匙可能丢失这样的低级问题。启动汽车是一个高级别的问题，防止钥匙丢失是一个低级别问题。

拉里曾研究过数字图书馆项目，他向上查看了问题层次，知道自己要解决的是搜索问题。谢尔盖也做了同样的事。数据挖掘问题之上的问题也是一个搜索问题。所以，当他们决定选择互联网时，只会选择"搜索"作为建立想法的基点。

向上查看之后还需停一停，然后往下看。确定一个特定的问题，并问自己：当我解决这个问题，会带来什么新的问题？低级别问题是高级解决方案带来的结果。信封的颜色（低级别）是选择寄信来解决直销问题（高级别）带来的结果。由于每一个解决方案都会产生新问题,所以需要在执行解决方案之前识别出这些问题。我解决了许多高级别的问题,却带来了很多的低级别问题,往往比最开始的问题还棘手。这在商业里是不正常的,你为一个客户解决了问题,却为另一个客户创建另一个问题。所以用这种方式提问,就能意识到你的解决方案会带来一大波新的问题。

例如,我在一家软件开发公司工作时,要不断增加产品的功能来应对具体的客户投诉。随着时间的推移,它变得越来越难使用,客户找不到核心功能,因为它被淹没在一长串的补充功能里。很多电子产品,比如我的手机,都有同样的毛病。因为它自己都不知道自己是一部电话还是一台电脑。

低级别的问题通常不那么复杂,因此通常比高级别问题更容易解决。选择信封的颜色,比尝试从头开始构建一个创新的直销方案更容易。但魔鬼总是藏在细节里。虽然通常来说更容易解决,但它们也会制造或破坏更高级别的解决方案。如果我用粉红色的信封出售复杂的商业软件,可能会毁掉整个市场的计划,即使这是一个深思熟虑的更高级别的解决方案。

不要因为问题只是在列表的底端而忽视它。低级别问题必须解决。我敢肯定,小猎犬号的船长费兹罗伊上尉认为他的问题,比如养活他的人,避免船搁浅,绘制未知的水域,要比年轻的查尔斯·达尔文设想的问题更重要,当前者的船停泊在加拉帕戈斯群岛时，后者的任务不过是对当地动植物编写条目。

记住，创意天才能够发现问题的全部范围，知道无关紧要的低级别的问题最终会连接到意义深远的高级别问题。当拉里向下查看时，他看到了搜索算法的另一个问题。一旦解决这个问题，他就能把它下载到计算机上，进而实现索引整个万维网。虽然这是一个低级别的问题，但这是一个有里程碑意义的问题。拉里告诉他的朋友、老师、同学说，只用几天，他就能复制整个互联网。它成了盖茨大楼360房间的集结口号。人们认为他疯了。他说："我有个疯狂的想法，我打算把整个网络下载到我的电脑上。我告诉我的顾问，这只需要一个星期。然而大约一年后，我才下载了它的一部分。"塔玛拉只是再次戴上她的耳机，不理会他的"插科打诨"。

选择问题

打好地基，就可以开始解决这些问题。当你解决了一个单一问题，记住，它只是问题整体系统的一部分，这个系统里有高级问题也有低级问题，最好的解决方案是使用最少的元件解决矩阵里最大数量的问题。

艾萨克·牛顿完美地解决了爱德蒙·哈雷的问题，部分原因是他只用了一个方程，就解决了多个问题。他把伽利略和开普勒的工作结合起来，解决了更高级别的引力问题。伽利略在比萨斜塔上扔东西，研究了物体在行星表面的运动。开普勒通过观察夜空中的行星移动，研究了行星的运动。牛顿意识到，这些问题是相关的，是同一层次问题的不同部分，他把它上升到更高的层次。所以，当他解决了更高层次的问题后，也就解决了较低层次的问题，这才是一个最完美的解决方案。

1864年，詹姆斯·麦克斯韦尔（James Maxwell）做了同样的事情。他用一个方程得出了一个理论，解决了两个问题：电场的问题和磁场的问题。一个解决方案，解决两个问题。然后爱因斯坦用相对论这个单一的解决方案解释了电磁场和重力，解决了牛顿和麦克斯韦尔的问题。爱因斯坦实际上用一个理论解决了四个问题，所以他和牛顿一样载入史册，他也是最完美的问题解决者。他完全掌握了身边物理问题的复杂层次。

我和你用不着解决这么复杂的问题。我们要解决的是市场问题、产品开发问题，或者职业提升问题，我们不需要通过复杂的数学语言描述宇宙。然而，不管你研究什么，都存在问题层次，所以你需要了解层次里的这些问题。这样我们的创造性解决方案才能变得更完美、更简单、更有效。我们才能有效率地开发解决方案。

在进入下一步之前，观察你的地基，你的问题矩阵，决定从解决哪些问题开始。你的起点是高还是低？高起点通常意味着更多的工作，意味着不同的方向。作为营销总监，意味着选择使用直接营销或电视广告来解决销售问题（这是一个高级别的问题）。较低级别的问题是选择给未来的客户寄明信片还是寄信。然而，这个决定，无论是高还是低，并不像看上去那么难。

要做到这一点，就要把问题矩阵看成是一连串的问题。然后问自己：这个链条中最薄弱的环节在哪里？哪一个问题是最难解决的？如果我不能解决，整个链条会不会变得毫无价值？记住，一条锁链的强度取决于它最脆弱的那一环。我们要做的就是寻找弱点。

对于谷歌大咖们来说，链条的薄弱环节之一就是硬件。他们当时的办公室只有一间，只能提供少量的计算能力，他们只能使用一台电脑，所以很难对整个万维网进行索引。从概念上讲，硬件是一个较低级别的问题，但从实际水平看，它是问题链中最薄弱的环节。这就是为什么拉里那样设定他的口号。所以，当他们开发算法决定网站的重要性时，他们从大学里借来大量电脑，开始下载整个互联网。根据谢尔盖的说法，"我们只是借了几台机器，看看它们能否重新开始这个任务。看来也不需要那么多机器。"

根据摩根·琼斯的观点，解决了错误的问题是因为找错了范围。如果你按照下面的步骤行事，就不太可能犯这个错误。你会对问题的范围有一个大的了解，可以在更好的位置选择解决正确的问题。拉里和谢尔盖就是个很好的证明，选择了正确的问题，理解了他们所面临的问题的整个范围，像牛顿和爱因斯坦，所以他们能够开发出完美的解决方案。

当然，我们都知道谷歌的故事结局。他们创造的算法可以判断网页的重要，基于链接的排名系统被称为PageRank（恰好Page也是拉里的姓），它作为斯坦福大学的知识产权申请了美国政府的专利#6285999。他们利用在盖茨大楼360房间开发的搜索问题矩阵作为创意基础，在完成博士学位之前离开了大学，搬进了几公里外的车库，成立了公司。短短的几年内，谷歌成了互联网上最受欢迎的网站，拉里和谢尔盖成了他们所处时代里最有影响力的商人。该专利最终由斯坦福在2005年出售，售价为3亿3600万美元，而谷歌估值近2000亿美元。今天，如果你有机会参观校园，还可以在西南侧看到当时的谷歌。一栋粉红瓦屋顶的米色的建筑物，你可以指着三楼说，"是的，1996年和1997年，他们就是在这研究搜索的问题。你知道，这是一个大事件。"

所以，第一步是打地基。你可以在地基上面构建创意，就像拉里和谢尔盖在搜索的地基上继续研究问题。虽然第一步是定义问题，但它与第二步紧密相连，因为你会用它作为地图来寻找解决方案。换句话说，如果你有一个"搜索"的问题，那么你会问自己：谁有"搜索"的问题？然后你会回答：图书管理员、救援队、水手、猎人、考古学家、科学家、探险家。然后你会去这些地方寻找这个问题思路和解决方法。这就是为什么诺曼·文森特·皮尔（Norman Vincent Peale）说，"每一个问题都自带解决方案的种子。"这自带的种子就是定义问题，因为它决定了你要去哪里找解决方案。如何定义它，决定了如何解决它。

这对商业、艺术、科学、文学，对任何创意领域都是适用的。事实上，在生活中也适用。对个人问题的定义，可以决定你是谁，决定你要去哪。我知道，我的亚利桑那州坦佩市的旅程要开始了。这取决于我定义问题的方式。

长途跋涉的第一步

当我隐避在公寓里，寻摸着东山再起的办法时，我的心路历程无比曲折。任何旅程的第一天总是最长的，这就像在森林的边界徘徊，看不到出路。身后不知走过几里路。就像在跑步机上走路。

然而，我在笔记本上记录着，思考着我的问题。我有很多问题，我是这样分组的：我破产了；我超重了；我的事业毫无进展；我每天晚上喝 Stoli and Cran。当我对它们进行排序时，我把职业问题放在第一，酗酒问题排到最后，这与匿名戒酒会或贝蒂·福特戒疗院给出的排序建议恰恰相反。所以我要从最高处着手，处理最高级别的问题。它是问题链中最薄弱的环节，解决它就可能解决这些其他问题。

我给汤姆·阿伦森打了个电话。汤姆是通用电气资本部门的总裁，去年他为我的 Preferrred Capital 报价 2 500 万美金。我和银行谈崩后打算从太浩湖搬走，他也刚好离开了通用电气。现在他在 Intuit 负责快税（TurboTax）业务部门。他是我唯一能想到的人，他可以给我提供一份金融业之外的工作。我迫切需要走出那个行业。我告诉他的秘书我是他的老朋友。我不知道他会不会记得我，会不会接我的电话。

"嘿，伙计，"他说。

02
第二步：借鉴
到处搜集素材，找别人的创意借来用

  回到 15 年前，我正坐在床上看着书。我本应喜欢这个氛围，但是外面出事了。我看上去有点沮丧。外面汽车的鸣叫打破了邻里间的宁静，扰乱了我的思绪。这是我沮丧的原因。
  起初，我以为有人来和艾希礼约会，她是我的邻居，刚好 17 岁，有时我笑她是灰姑娘。但一分钟后喇叭声并没有停，我觉得灰姑娘的王子应该不会这么粗鲁。这应该是汽车报警声。又过了一分钟，我开始怀疑这个结论，于是站起来走到窗前看看外面。就在那时，我才意识到声音不是从街上传来的，而是从屋子里传来的。嗯？好奇怪。
  我停下来仔细听了听。声音来自楼下。混入了另一种熟悉的声音；是烟雾报警器发出声音。着火了。

走在楼下，我看到客厅里全是烟雾。厨房也是。我还没搞清状况。直到我看向车库的门，发现浓烟从里面冒出。糟糕，我的车起火了！

我打开门一看，牧马人吉普车整个都燃起来了，大火从驾驶座蔓延到仪表板。我惊呆了。汽车即将爆炸，我的整个家都要跟着炸没了。怎么办？怎么办？

我环顾车库，想找些东西来灭火。吉普车旁边是洗车的水桶。我拿起它冲进厨房，慢吞吞的水龙头令我抓狂。

在我告诉你下一步会发生什么之前，我要提醒你，最坏的举动就是用水去灭电火。汽油着火或比水轻的液体着火，都不要用水去灭。水是导电性的，所以电起火时再浇水，无疑是从天而降的一个汽油弹。

然而，在激烈的战斗中，我没有意识到这是一个电气火灾，即使车库有明显的头发烧焦的味道。我把一桶水倒在火上。

现场如同一个小型的广岛炸弹爆炸，我往牧马人的前排座位扔了一个"小男孩"[1]。车库里升起一朵小蘑菇云，直冲屋顶和车库的墙面。这场烟火确实很绚丽，但是作为房主，我只体会到害怕。我被一股力量扔到墙上。一场小汽车火灾，如今变成地狱劫难，局面一度失控。我才加了满箱的油，几分钟后这

---

[1] "小男孩（Little Boy）"是人类历史上首次使用的原子弹。另一枚人类使用的核武器为投掷在长崎的钚原子弹"胖子"。

里将会爆炸,我想赶紧出去,把我的家搬走,也许还有隔壁的灰姑娘都带走。我再次呆住了,心里十分害怕。

过了一会儿我让自己冷静下来。水不起作用。至少现在我知道我在做什么。如果水不是正确的材料,那是什么?我记得火需要两样东西:燃料和氧气。我和吉普车提供了前者。所以我需要阻断氧气。我需要把火焖熄。我再次环顾车库四周,远处角落有一堆毯子,这是我搬家后忘了还给U-Haul搬家公司的。

我拿起毯子扔到车里。一开始火苗还摇曳不定,但后来毯子也着火了,我刚给"地狱"添加了更多的燃料。显然,这种毯子是一种高度易燃的织物。不过它还是阻隔了一小会儿的火焰。我想起客厅里的衣柜里有一块厚厚的羊毛毯,于是跑回屋里去取。毛毯也许不容易点燃。我把厚重的羊毛毯子扔到火堆里。火好像灭了。火被我打败了。我挥舞着毯子,如同挥舞着一把剑,攻击着大大小小的火焰和火苗,它们试图逃离我的攻击。刺了几轮,火终于灭了。

车库里弥漫着烟雾,还有烧焦的电线、塑料味。我打开门,让烟散到街上。汽车的喇叭声依然刺耳,烟雾报警器仍在尖叫。我踉跄着坐下来。在我身后,邻居们聚集在一起看这可笑的场面。我转过身,看到艾希礼低头看着我,厌恶地摇着头。我在想,灰姑娘,哪凉快哪待着去吧。你知不知道你差点就要被炸成碎片。

15年后，当这个故事出现在我的脑海里，我意识到有两件事要学：第一是及时读邮件，后来我发现我的车要被召回，通知就放在我的桌子，但我却没有打开它。显然，我的牧马人不是第一次发生自燃。第二，我选择的材料极大地影响了解决方案的质量。使用错误的材料，我要面临炸毁整个家的风险。有时你得远离案发现场，去更远的地方冒险，我们的目的是要解决问题，比如我不得不离开车库，回到客厅，为了解决我的灭火问题。后来我知道羊毛是一种天然阻燃材料。想想是不是这个理儿？

创意的来源

显然，斯蒂芬·金（Stephen King）和他的作家同伴们，都害怕被提问"创意从何而来"。在他的书《论写作》（*On Writing*）他这样写着，"他、戴夫·巴里（Dave Barry）、里德利·皮尔森（Ridley Pearson）、谭恩美（Amy Tan）都是……作家，我们从来不问对方如何获得想法；我们知道我们不知道。"

然而，他用十页纸，告诉读者他的第一个故事，一年级时，他只有6岁。他说："模仿是先于创作的，我会在蓝色小马书桌上逐字逐句地抄写《战斗凯西》（*Combat Casey*）的漫画台词，有时在合适的地方添加我自己的描述。"换句话说，先复制，再创造。听起来熟悉吗？他承认了自己以剽窃者的身份开始了他的职业生涯。他把别人的话，别人的想法，在这儿和那儿改了一个字，然后把这个复制本当成自己的作品。所以，在他的职业生涯中，他确切地知道从哪里获得想法——从别人那里得到想法。

他现在的说法可不一样，他说"好故事的创意真的是无中生有，好像从天而降一样"。然而，他解释了他的第一部小说的主人公魔女嘉莉。嘉莉是桑德拉和多迪的组合，这是他在高中认识的两个"真正"的女孩。在接下来的几页，他写了这些女孩的故事，这些故事成为布莱恩·德·帕尔玛（Brian De Palma）电影改编小说的情节和场景。实际上，他告诉我们的是，他借用了自己的人生经历，把这些经历与其他东西结合起来，并从中创造出了新的故事。这与他创作的第一个故事不同，第一个故事几乎是他逐字复制的。讽刺的是，他还在同一章里提到了自己的创意来源。他说他的想法是从天而降的，金和他的同事们说不出创意的来源，是因为他们不知道，还是因为他们不想承认这些来源？你看，斯蒂芬和他的同行们，像其他人一样借用想法。不管你在解决业务问题还是代码开发问题，这都无关紧要：先复制，后创造。所有的辉煌都是这样借来的。

我并没有不尊重他们，事实上，斯蒂芬·金是我最喜欢的小说家。我认为他是个创意天才。有一次我读着他的《危情十日》，都不愿从沙发起身。如果我的女儿凯蒂是个男孩的话，我会叫他斯蒂芬。我不认为他在解释创意来源这个问题上撒了谎，我认为它们看起来确实像从天而降，虚无缥缈的。在后面的"孵化"章节中，我会解释如何在潜意识中形成想法，然后在你最不期待的时候出现。我也会解释，那些想法，虽然看起来是独特的，却是借来的想法，是你的潜意识借来的创意组合，没有通过显意识。我还会在那一章，教你如何利用潜意识生成创意。在此期间，你需要学会借用正确的东西，用正确的材料来喂养潜意识，这些材料是解决方案所需要的。因为这些材料将决定了创意的设计。

材料决定设计

1989 年，我被任命为麦道航天公司的高级技术经理，这是当时世界上最大的国防和航天承包公司。因为这份工作，我从加利福尼亚来到华盛顿，与美国国防高级研究计划局（DARPA）展开密切合作。该机构成立于 1958 年，就在苏联发射了世界上第一颗人造卫星之后。DARPA 被特许开发太空技术，防止美国远远落后于苏联。我花了一年时间在弗吉尼亚州罗斯林区的一幢不可名状的建筑里工作，期待参与高度复杂、高度保密的先进武器系统研究，像中子粒子束射线枪或安卓机器人战士军队那样的事物。相反，我失望地发现，大多数的先进研究只是对"材料"的研究。我的大部分工作并不是建立自动猪人（Pig Man）士兵军队,而是开发合金、胶黏剂、陶瓷,还有像凯夫拉尔纤维一样的树脂复合材料。我认识到,建筑材料决定了建筑的设计,无论是桥梁、建筑物、弹道导弹,还是猪人机器战士。

历史学家根据每个时代的主要材料来定义人类的时间周期:石器时代、青铜时代和铁器时代。有人称我们的时代为硅晶时代。每个时期的结构、武器和工具都依赖于材料,因为材料决定了时代的设计。我们不可能在石器时代制造一把剑,当时的材料不允许这样的事情发生,所以剑不会出现在史前时代,直到青铜时代。

莱特兄弟不可能想出超音速隐形飞机,因为他们用的材料是木头、帆布和电线。直到DARPA完善了电介质复合材料和雷达吸收材料,设计师才能设计出一架雷达无法发现的飞机,它的飞行速度是音速的两倍,因此难以被监测到。如果奥威尔今天回来了,看到停机坪上的现代隐形战斗机,他可能不会认为它是一架飞机,尽管他是一个天才飞机设计师。虽然飞机的功能保持不变,但材料完全改变了物体本身的形态、结构。

工程师使用的材料决定了创意的设计,你的想法也会受到原材料的影响,因为你要使用那些材料来构建它们。施工前,你要收集解决方案需要的材料,正如我在北康威制造木筏之前的所作所为,正如我在车库让车免予焚毁的所作所为。任何时候,材料都能决定解决方案的性质。你不能无中生有,必须用别的东西来完成。每个厨师都知道，是厨房里的食材决定了食谱，决定了为客人提供什么样的晚餐。你从哪里获得这些食材，即去哪里购物，决定你和其他人对你的新想法的看法。

让我继续解释。

来源决定感知

既然创意是借来的或者偷来的，盗窃的源头将决定创意的高度。正如阿尔伯特·爱因斯坦所说，"创意的奥秘是知道如何隐藏你的来源。"在这个步骤里，这句话不是让你隐藏创意来源而是要去确定它们（之后你要学会隐藏它们）。做到这一点，将有助于了解来源如何决定感知，你在哪里购买食材，决定了你做的大餐的独特性。

试想一下，身为软件设计师的你，需要收集想法创建一个新的税务软件。现在请把这些资源想象成一个连续体。在连续体的最左边，如图1所示，是你的区域内的位置。在最右边的地方，是区域以外的位置，和税务软件没有关系。

你开始打开TurboTax去收集，你要使用屏幕上的一个单一问题，来收集税收数据。你借鉴这个想法，你的设计也做了同样的事情。TurboTax是竞争对手，你被认为"偷"了这个设计。你是个小偷。

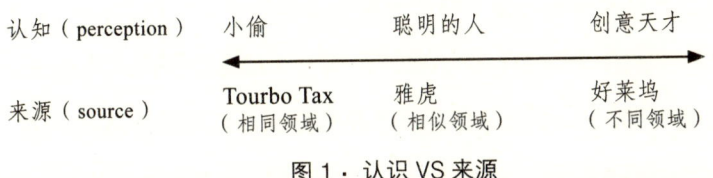

认知（perception）	小偷	聪明的人	创意天才
来源（source）	Tourbo Tax （相同领域）	雅虎 （相似领域）	好莱坞 （不同领域）

图1：认识 VS 来源

接下来，你可以访问"雅虎！"，研究这个网站，就像"帮助中心"指示的那样。你借用它的想法，在你的设计里做了同样的事情。雅虎不是你的直接竞争对手，所以人们认为你的想法相当有创意，当你隐藏了你的来源，正如爱因斯坦给的建议。现在你是个"聪明人"了。

最后，你可以去好莱坞拜访奥斯卡奖得主，学习如何在观众中产生一种情绪反应，你也想赋予你的产品同样的功能。他解释说，每一个好莱坞电影的结构都是一部三幕戏剧。在第一幕中，电影的前十分钟，主角和坏人之间发生了冲突。在第二幕，接下来的一个半小时，英雄试图化解冲突，总是被坏人阻止。在最后一幕，也是高潮，最后三十分钟的电影，英雄解决冲突。你喜欢这种结构，借用这个思路，在税务软件做了同样的事情。你通过定义冲突开始程序。第一幕上写着："国税局每周都从你的薪水里取钱。现在轮到你把它拿回去！"你把用户设计成英雄，把国税局设计成坏蛋。你的程序追随了好莱坞模式，用户解决了冲突，得到了最多的退款，打败了反派。你从一个远离你的领域中借用了创意，即从连续体的最右边借用创意,你就会被认为是一个"创意天才"。

其实不管你是一个小偷,还是一个聪明的家伙,抑或一个创造天才,这都没有关系,你做的是同一件事情:借用创意,与其他创意结合,来构建你的创造发明。重要的是你从哪获得想法。来源决定了解决方案的创意感知。毕竟,笨蛋会想到用水去灭车库的电气火灾;但是我们需要一个聪明一点的笨蛋冒险进入房子,发现阻燃毛毯能够灭火。从越远的地方借用材料,你的解决方案就越有创造性。食材的内容,决定了宴会的原创性。使用异国情调的材料,你就能举办一场异国盛宴。生物学家可以在生物学中找到解决方法,创造型的生物学家却能从天文学家那里找到方法。创意的天文学家,可以在宏观经济学中找到可用的观点。在电影《美丽心灵》里,那位有创造力的经济学家在星期六之夜的扑克游戏里赢了一位数学家。你可以问问诺贝尔奖得主约翰·纳什,先复制,后创造。抄袭和创意之间有一条很好的界限,这条线就是盗窃的源头画出来的。

创造之前先学会复制。正如美国诗人艾略特所说:"不成熟的诗人模仿;成熟的诗人偷窃。"

寻找原料

让我们开始吧。既然新的创意建立在现有创意的基础上,那么"借用创意"的第二步是寻找旧的创造发明。寻找可以从家里开始,就像任何旅行一样:通过研究你的主题、竞争对手,在你的研究领域里借鉴并观察。然后迈出一步,研究相似的主题,类似的问题以及他们的解决方案。最后,去到更远的地方,那些跨领域的地方。从那里,你借用这些跨领域的材料,使用它们构建你的解决方案。最后,如果你是一个商人,你会从你的直接竞争对手那里借用材料,从其他行业借用材料,从与业务无关的地方收集更多的跨领域材料,如科学、自然,或娱乐,把它们组合起来;并用这东西来构建一个真正的创造性的经营理念。如果你是一个化学家,你会从其他化学家那儿借来材料,从其他科学领域借用材料,从与化学、科学无关的地方借来更奇特的材料,如商业、经济或政治,把它们组合起来构建一个真正的原创性的化学思想。

当然,这不是一个盲目的搜索,因为你已经构建了一个地图,它能带领你踏上这段旅程。上一章为你搭建的基础,可以为你借来的解决方案搭建一种搜索网格。换言之,你会关注那些与你的问题相似的地方,无论远近。例如,如果你正在构建一个新的软件,你遇到了"导航"的问题——用户会迷路——先想一想还有谁会遇到导航问题?首先,你会去找其他软件设计师借鉴导航解决方案。然后你会去类似行业,如视频游戏产品,并借鉴他们的导航理念。最后,你会去研究那些与软件无关的领域或人，他们有自己的导航问题，比如水手、飞行员、卡车司机、探险家和陷入迷宫的老鼠。一旦你得到了所有这些材料，就能通过奇特的组合，构建你的解决方案。

创造性的思想家四处寻找解决办法。如果他从不离家去冒险，如果他的想法来自自己所在的行业，没有和外来的事物有更多的结合，那么他会被认为是个小偷，他的想法就是抄袭，即使他们给出了非常成功的解决方案。比尔·盖茨通过解决重要的软件问题成了世界上最富有的人，但他大部分创造性的解决方案都是从软件行业本身借来的。这使他成了硅谷海盗。另一方面，查尔斯·达尔文成为一个受人尊敬的科学家，解决重要的生物学问题，但他从来没有被称为加拉帕戈斯群岛的海盗，因为他创造性的解决方案，出处和生物学没有一点关系。盖茨从未远离自己的领域去解决他的问题，达尔文做到了。他们都是非常有效率的思想家，都用自己的创造改变了世界，所以我们可以从二位身上学到重要的一点：如何从别人那借鉴解决方案来解决自己的问题，你借鉴的来源能够改变人们对你的创意的看法。

像搜救队员一样思考这一段旅程。18世纪的英国数学家托马斯·贝叶斯，开发了概率定理，今天的专业救援队仍在使用。使用贝叶斯理论，团队可以识别变量，比如所知的最后失踪的位置，其平均速度，其方向，和其他已知变量。从这些数据中，他们通过统计方法构建了一个搜索路径，从最高的概率点开始，然后移动到中间概率的地方，最后到低概率的地方。1966年，美国海军用这种方法找到了丢失的氢弹。当时一架B-52轰炸机在空中与KC-135加油机相撞，在西班牙海岸附近失去了雷达信号。搜寻雷达的步骤也应该和上面的一样。从高概率的地方开始，在这里你最有可能找到合适的材料；然后再朝着低概率的地方行进。概率最高的地方通常发生在自己的行业，所以一般从这里开始搜索，因为和你相同行业的人最有可能在解决和你同样的问题。

学习你的竞争对手

当你从相近的地方借鉴，从你的竞争对手那里借鉴，你通常被认为是一个低等海盗。然而，从行业之外借鉴，你会被认为是一个创造性的天才。加勒比地区历史上的海盗，像英国人亨利·摩根，人们不认为他是强盗，而是财富的战士，因为他们只从西班牙殖民地偷抢，而不是从英国殖民地偷抢。队长摩根在英国被称为"私掠船[①]（privateer）"，伊丽莎白女王还给了他重要的政治任命。直到多年以后，当他的人开始抢劫英国的殖民地和英国商船，才被认为是小偷和罪犯。私掠船成了强盗，

[①] 战时特准掠捕敌方商船的武装民船。

遭到了同一群人的追杀，这些人曾经把与私掠船的贸易放在首位。摩根的人一直在偷抢，只不过以前抢的是外国人而不是他们的同胞。盗窃的来源改变了人们的感知。

借鉴别人的智慧，也是同样的道理。从自己的领域借用创意，会被认为是小偷或低级海盗。从别人的领域借鉴，会被认为是英雄，是有创意的私掠船。这是否意味着你要远离竞争对手的想法？当然不是，只是不要只从他们那儿借鉴，把它们混合起来，通过大量的借鉴来掩盖你的足迹。编剧威尔逊·米茨纳指出，"如果你抄袭一个作家，这是剽窃；如果你抄袭了很多人，这是研究。"借鉴得多了，你就会没事的。你的借鉴将在组合的建筑中消失，难以被人察觉。正如爱因斯坦所说，你要学会隐藏你的来源。这发生在你的创意的自然进化中。剽窃被埋葬在你的解决方案的 DNA 的深处，而不是停留在表面显而易见。

比尔·盖茨的创造之旅开始于 20 世纪 70 年代初，离他的家很近，位于西雅图郊区湖畔高中的一个临时电脑实验室里。在实验室里，盖茨对新兴的计算机世界入了迷。他花了无数个小时研究一台电传打字机，这个机器通过电话线路连接到一台几公里之外的 PDP-10 计算机，生产这台计算机的公司叫作"电脑中心公司"。正是在这个实验室里，他遇到了保罗·艾伦，保罗年长他两岁，他也是一个电脑黑客，迷上了这些有想法的机器。7 年后，他们成立了一家公司来编写软件，后来这家公司成为美国商业史上最强大和最成功的初创企业。

在那些日子里，使用计算机的时间是非常宝贵的，电脑中心公司向学校按照学生使用机器的时间来收费。盖茨、艾伦和其他人很快就让学校增加了数千美元的账单。学校的行政官员告诉他们必须停止。盖茨并没有放慢脚步，而是侵入主机，找到了会计档案，抹去了他个人账户上的大部分时间。他以此为荣，直到行迹败露。电脑中心公司的经理开车去学校，在校长办公室见到了这位年轻的盗贼。作为惩罚，盖茨在六周内不能使用电脑。然而，这位经理对这个年轻黑客的印象十分深刻，他给了盖茨一份工作：查找该中心的软件里的漏洞。事实证明盖茨完成得非常好，作为报酬，他获得了使用计算机的时间。从一开始，盖茨就掌握了借鉴智慧的诀窍，并且把它用在整个职业生涯里。随着时间的推移，他运用得越发完美，就像艺术家完善他的绘画技巧一样。后来，他成为智慧海盗船的船长，使他在蓬勃发展的个人电脑行业这片大海里能够与其他海盗竞争。

当盖茨进入哈佛深造时，微软即将诞生。在阿尔伯克基，有一家小公司 MITS（模型仪器遥测系统）创造了第一台个人电脑，命名为"牛郎星 8800"。保罗·艾伦在 1975 年一月出版的《大众电子学》上读到了有关原始计算机的文章，并将这篇文章转给了他的高中校友。值得大书特书的是，他们认为个人计算机革命到来了。然而，牛郎星还是一台简陋的机器。操作人员需要打开面板上的开关才能工作。它没有打印机，没有显示器，也没有软件来控制它。

盖茨找到了机会——为这台计算机开发软件，他知道这些软件马上就会接踵而至。因此，在马拉松式的代码编写会议的初期，盖茨和艾伦在接下来的8周为牛郎星设计了第一个软件语言。他们借鉴了曾在湖边计算机实验室的电传机用过的语言结构。它就是"BASIC"语言，它是由达特茅斯的一位教授开发的，最开始用在公共领域。盖茨和艾伦复制了它，然后让它运行在英特尔8080芯片上，来控制牛郎星的计算机。先复制，后创造。

几个月后，艾伦飞到阿尔伯克基，把软件介绍给MITS公司的老板爱德·罗伯茨。据艾伦说，他通过连接机器的打孔纸带阅读器，把程序输入电脑。他双手叉指而握，这是他第一次接触牛郎星：他和盖茨在哈佛的计算机实验室，已经给不同机器开发了软件。当牛郎星准备好，艾伦输入："print 2 + 2。"牛郎星犹豫了一会儿，然后打印出来"4"。

艾伦说："看到他们的电脑工作，那些人真的很震惊。这是一个不太靠谱的电脑公司。我很惊讶它第一次就能如此顺利。但我尽量不要表现出太多的惊喜。"

盖茨和艾伦将成为第一台个人电脑的第一家软件供应商。

保罗搬到阿尔伯克基，几个月后比尔完成了二年级的学业，加入了他的队伍。像拉里和谢尔盖一样，他再也没有回来完成未尽的学业。他们成立了一家公司叫微软，其中盖茨占了 60% 的股份，因为他认为盖茨在为牛郎星的 Basic 程序编写初始代码时，做了绝大部分工作。保罗·艾伦当时似乎不在乎这个股份。

从一开始，盖茨专注于一个非常明确的问题：掌握个人电脑行业里的软件市场。他说，"每个书桌上都会有一台电脑，每一台电脑都会有我们的软件。"根据牛郎星的前研发人员埃迪·科里回忆，盖茨和艾伦"非常清楚他们在做什么，在某种意义上，他们知道自己的目的地在哪。他们不光是要开发 BASIC 语言。我不认为大多数人真的理解这一点，但在我遇到比尔时，他就知道微软的使命是为所有微型计算机提供软件服务"。

1979 年，IBM 进入个人电脑市场。当时，IBM 就是计算机的同义词，IBM 360 是衡量所有计算机的标准。一开始，IBM 公司认为个人电脑竞争并不激烈，因为大多数使用者是电脑的爱好者，而不是企业。然后，苹果公司用苹果二代改变了这一切，它使用了一个非常聪明的新方案，叫作 VisiCalc，一款电子表格软件。企业大量购买苹果产品。IBM 不得不奋力追赶，所以他们外包了他们的新机器的许多组件，当然也包括软件。

计算机软件有三个层次。第一层包含应用层——应用程序，它包括电子表格和文字处理器等。第二层是编程语言，如

BASIC 语言或 FORTRAN 语言。编码器使用这种语言，编写应用程序。第三级是操作系统，像 DOS 或 Windows。这是应用程序和机器语言的二进制世界之间的接口。操作系统运行计算机的任务，如查找磁盘空间或存储文件。一个没有操作系统的机器是不能运行的。

IBM 与比尔·盖茨联系，协商购买 MS-BASIC。起初，公司想买断它，但盖茨坚持通过许可证或特许权交易。他允许 IBM 借用，但不能让他们拿走。后来 IBM 联系了数字研究公司，购买了他们的操作系统，这是微软没有提供的产品。由于无法与数字研究公司达成协议，IBM 询问盖茨能否代表 IBM 进行操作系统谈判。

盖茨参加谈判时，觉察到这是一次商业机会。没有去数字研究公司，盖茨去了一个叫"西雅图电脑产品"的小公司，这家公司复制了数字研究公司的 PC 操作系统的概念，开发了简化版本，称为 QDOS（快速磁盘操作系统）。盖茨用五万美元从西雅图电脑产品买到了代码，这对小企业来说是一笔非常可观的进项。当然，盖茨忘了提到要把这些代码卖给 IBM。西雅图电脑很快同意了这笔交易，因为它需要现金。然而，到了签署文件的时候，盖茨改变了合同。不是微软从西雅图电脑产品那获得授权，合同的措辞改了，变成微软拥有 QDOS，并把它授权给西雅图电脑。西雅图电脑在签合同时，没有理解这个"影响深远"的新措辞的含义。正如他们所说，后来发生的都是历史。盖茨把产品改名为 MS-DOS，改进它，签订了另一个利润丰厚的版税协议，授权给 IBM 使用。

比尔·盖茨已经完成了这个世纪最成功的商业交易。IBM 卖了数百万台 PC，每一台都在运行 MS-DOS，并且每一台都要向微软缴纳版税。就算有人能复制或克隆 IBM 的机器，使用的操作系统仍然是盖茨借来的那套。比尔期望每个桌子上都有计算机，每台计算机都运行着微软的软件，这个愿景很快成为现实。盖茨从西雅图电脑那儿借用了它的代码，而西雅图电脑则是从数字研究公司那借来的。比尔·盖茨用它作为自己的滩头堡，进入数百万计算机的桌面，完美解决了他所确定的问题。他花五万美元购买的东西，在几年内，为他带来超过两亿美元的收入，将来还能带来数十亿美元的收入。上世纪的这场商业交易使他成为世界上最富有的人，对于我们来说，这就是"借用创意"这个词最完美的例子。

然而，比尔·盖茨并不是唯一一个成功地从竞争对手中借来想法的人，他只是最成功的一个。事实上，在商业中，竞争性的借鉴被很多成功商业领袖认为是重要的战略。营销专家阿尔·里斯和杰克·特劳特在《营销战》一书中说到，竞争性借鉴，应该是每个行业的市场份额领先者的主要战略。成功的公司应该关注市场，寻找来自小公司的新想法。然后，复制新想法或购买公司，如果它是一个可以专利化的创新。新产品类别归属于最先占领这个类别的公司，如比尔·盖茨和保罗·艾伦那样。市场领导者处于最佳地位，执行垄断策略，毕竟，他们有资源。那些拒绝复制或复制太晚的人，就会失去了他们的市场地位，就像IBM拱手让位给苹果和微软。

例如，自1901年金·吉列创立了吉列品牌以来，它一直是创新的领导者。吉列从剃刀和刀片工业中借鉴和改进想法，然后从其他行业里借鉴并糅合。他的继任者继续走着他的创意之路。例如比克公司，一家生产一次性笔的公司，于1975年设计出一次性剃刀进入了吉列的市场。然而，吉列通过增加额外刀片的方式快速复制了这个创意，取名为"Good News Razor"，在比克推动创新产品之前，就使用其分销渠道占领了市场。吉列意识到一个好的商机，就能迅速抓住它。所以今天它仍然保持着80%的市场份额。它的高管们被认为是盗贼了吗？我打赌比克公司的人是这样认为的。但他们从大量不同的地方借鉴并改进，因此掩盖了他们的创意路径。

从相同的领域里借鉴，从附近的领域借鉴，不只发生在商业领域。复制可以在每个领域有效地使用。米开朗基罗从达·芬奇那里复制了技术。海明威借用了其他作家的重要创意，甚至语句。《丧钟为谁而鸣》的书名是从约翰·多恩的诗里偷来的一行。《太阳照常升起》几乎是从金·詹姆斯翻译的《圣经》里直接引用的。艾萨克·牛顿借鉴了其他数学家如约翰·沃利斯和雷内·笛卡尔的想法，创建了微积分。当他被另一位数学家指责为剽窃时，他含糊地说"自己是站在巨人的肩膀上的"。当然，《低俗小说》的作者兼导演昆汀·塔伦蒂诺就不会遮遮掩掩，他说："我偷了我看过的每一部电影。"

但是，我不认为把这些创造性的思想家当成小偷就是公平的，正如我不认为比尔·盖茨是一个知识分子盗贼。掠夺和盗窃意味着你从别人那里拿走了东西。当然，盖茨是拿了操作系统这个创意，但他从来没有禁止西雅图电脑公司或数字研究公司使用这些创意。它们都可以自由销售盖茨合法借用的概念。他们只是没有像盖茨那样获利颇丰。盖茨只是从一开始就做了每一个创造性的思想家都会做的事情。今天，人们指责盖茨通过智力盗窃获利数十亿美元，可是这个人把这笔钱通过慈善基金全部回馈了社会，让人想起了安德鲁·卡内基和约翰·洛克菲勒。一个真正的盗贼才不会这么干，对吧？

说到这里，从自己的领域里借鉴，还有别的办法。最流行最有效的就是，借用这个领域里的个人经验。

从观察中借鉴

虽然复制他人是一个非常有价值的伎俩，它通常被创意的纯粹主义者所不齿，认为这是（在我看来，这是不公平的）一种作弊。另一方面，观察却被同一群批评者认为是完全可以接受的，尽管技术上这是同样的事情。你只是从你观察到的事物中获得，而不是从合作伙伴、竞争对手或业务伙伴那借用。

话虽如此，正如科学哲学家卡尔·波普尔所指出，观察提供了所有知识的来源。它是科学方法的支柱。这是疯狂的创造过程开始的第一步。一开始，没有想法可偷，没有竞争对手，没有智慧的定义，只有自然世界以自然的方式展开它的故事。虽然没有人记录车轮的发明过程，正如我先前所说的，我猜整个过程是这样的。尼安德特人在家附近的山上走着，扔了一块石头，看着它滚下斜坡，他马上有了想法。借着这个想法，他用石头凿出了第一个轮子，然后把它扛到山顶，看它借着自身重量滚下来，他的家人和洞穴居住的朋友看到了也大吃一惊。创意无休止的加工和演化从这个简单的观察开始了。

当然，你需要继续使用这个历史悠久的借鉴观察法。当你寻找新的创意时，要睁大眼睛，磨练你的观察技能。观察你的客户。观察模式的制造和破坏。这是我在上一章提到的工具，我们曾用它来识别问题。就像小偷可以使用线切割机做两件不同的事情，如切断警报，在围栏中切割出一个洞，你可以通过观察来识别问题，借用解决方案。记住斯科特·库克的观察发明。当时他通过观察客户，在 Intuit 建立了"跟着我回家"计划。他看到了问题，也看到了解决办法。客户正在使用个人财务计划来解决业务问题，库克和其他人通过观察发现了这个现象，便开发出 QuickBooks，把它变成一个十亿美元的业务。

不仅仅是观察客户，观察任何事物都可以提供灵感和材料去构建新想法。例如，帝国大厦的设计灵感来自建筑师在他的绘图板上进行的一个非常简单的观察。这栋建筑的设计方案是通用汽车的创始人雅各布·拉斯科夫于 1929 年构思出来的。他与克莱斯勒汽车的创始人瓦尔特·克莱斯勒之间，保持着激烈的商业竞争和个人竞争关系。当克莱斯勒在曼哈顿中城建立起世界上最高的建筑时，拉斯科夫大吃一惊。于是拉斯科夫聘请了建筑事务所 Shreve, Lamb & Harmon，让其设计一个比克莱斯勒更大更高的摩天大楼。这是一场你追我赶的游戏，拉斯科夫要求建筑公司在一个月完成建筑计划。在激烈的创新压力下，建筑师威廉·兰布坐在一张白纸面前，苦苦思索着如何在如此短的时间内设计出一个如此重要的建筑。桌子上放着一根 2 号铅笔。这时他伸直胳膊拿起这支笔端详起来，不由得赞叹起它的形状。因此，如传说一样，20 世纪伟大的建筑和工程成就之一的设计诞生于一个对 2 号铅笔形状的简单观察。

小说类和非小说类文学作品的作家使用这个工具也会有很大的收获。肯·凯西的小说《飞越疯人院》就是从他自己的观察中借来的，当时他是精神病院的一个男护士。剧本《卡萨布兰卡》是 1938 年在德国吞并奥地利之后不久，默里·伯内特根据自己去维也纳旅行时的所见所闻编写的。当时，他注意到纳粹与世界其他地区的盟国与反对派和平共存的奇怪局面。《太阳照常升起》借用了海明威去潘普洛纳朝圣的经历，以及他对斗牛节的观察。这些个人观察提供了作者需要的材料去构建创意故事。作家借用了他观察到的人、地域和事物。

学习其他人

除了从竞争对手和观察中借鉴创意外，创意思想家还会从身边的人、他所在的组织内或从他的商业伙伴那里借鉴。一个成功的执行者，身边总是围绕着创造性的思想家，他会借用他们的创意来解决重要的业务问题。随着产品生命周期变短，企业被迫重塑自己、重塑业务模式，对员工创新的依赖变得更加重要。所以，要学习如何从身边的人那里得到创意。构思创意是一种协作努力。

托马斯·爱迪生说："我会从每个源头吸收创意，特别是从最后一个人离开的地方开始。"他的大部分发明都是合作努力，在新泽西州门洛帕克的实验室他多次借用其他发明家的想法。亚伯拉罕·林肯说："我可以从我遇到的每个人身上学到东西。"牛顿也是站在巨人的肩膀上的。他们每个人都从别人那儿收集材料，获得帮助，这是常事。

比尔·盖茨成立公司后，花了大量时间和金钱雇佣世界上最聪明的程序员。他从不害怕借用员工给出的解决方案。他说，"在微软有很多辉煌的想法，但想象都是来自最高的位置，我觉得这是不对的。"他经常借用身边的想法。与硅谷其他的"小偷"不一样。他的敌人史蒂夫·乔布斯，因为采用别人的想法而"臭名昭著"。我从来没有和史蒂夫合作过，但是在软件行业里我们有过共同的朋友和同事。没有人否认他的巨大的创造力。然而，他们每个人都在告诉我一个类似的故事，他是如何借用别人的想法的。唐·丹曼是一名年轻的程序员，曾与史蒂夫合作过开发麦金塔电脑，他说："我们都笑过史蒂夫。如果你想让他同意一个新的想法，一个不错的但他没有想到的想法，你告诉他这个想法，然后你就等着他的拒绝吧。过几个星期，他会冲到你面前说自己有一个伟大的想法，然后说出你之前告诉他的一模一样的想法。"

事实上，商业史上"借用创意"最为轰动的案例，是硅谷最著名的两个盗贼之间的战斗：乔布斯和盖茨。你看，盖茨和乔布斯一开始是商业伙伴，而非竞争对手。他们的合作以苹果和微软声名狼藉的诉讼大战而告终。

盖茨正在与IBM合作开发PC，同时他也在与苹果公司合作，为乔布斯最新的产品开发软件，即后来的麦金塔电脑。在发布之前，史蒂夫向比尔表示，他想让比尔为新机器开发一版 Microsoft BASIC。这台计算机将是第一个使用鼠标和图形用户界面（GUI）的商业产品，盖茨为此十分惊讶。他立即看到了鼠标和 GUI 的价值。盖茨回到雷德蒙德，开始把这项新技术投入到下一代的 MS-DOS 操作系统。几年后，当盖茨发布软件时，乔布斯十分愤怒，他意识到盖茨已经使用了他的想法，并且发布了新产品并聪明地把它称为 Windows。

苹果大呼不公。"你偷了我们的想法！"他们喊道。这简直就是"乌鸦笑猪黑"。麦金塔本身最初的概念，是由乔布斯参观了施乐帕洛阿尔托研究中心后才想到的。事实上，乔布斯录用了施乐公司发明了鼠标和 GUI 的工程师，让他在 Mac 上继续开展研究工作。讽刺的是，施乐是从一个无名的学术研究员那借来的技术。乔布斯非常清楚他的想法是从哪里来的；事实上，研发出 Mac 的库比蒂诺大楼里有一面海盗旗帜，牢牢地固定在会议室的墙上。乔布斯是这样说苹果的，"如果你可以成为一个海盗，为什么要加入海军？"

1988 年，苹果电脑对微软提起侵犯版权诉讼。该诉讼称，微软从 Mac 上窃取了视觉显示功能，并在 Windows 中使用它们。诉讼没有提到的是，苹果采用的是施乐的概念。开发第一个电子表格的著名软件工程师丹·布莱克林说，"这是美国软件行业悲哀的一天，"他补充说，"写软件，不是写一本书。软件建立在以前的基础上。"五年时间,浪费了数百万美元,微软赢得了诉讼。公司宣布自己胜利,这是创造性思想家的胜利。布莱克林是对的。软件是建立在以前的东西上的,每个商业产品、工程机械、科学理论和创造性思想都是这样的。布莱克林唯一错误的是,书本和书中的想法也建立在以前的东西上。书籍也可以说建立在其他书籍上的——这就是为什么非小说类的书籍有参考书目。语言毕竟是借来的。

　　对于一些人来说,这是肮脏的事情。对于其他人来说,这是普通的事情。对我来说,盖茨、乔布斯、硅谷其他盗贼,和牛顿、海明威、毕加索的所作所为的区别是,复制的来源,而不是复制的行为。记住,创造性思维是要解决问题的,你会发现在和你有相同问题的地方可以找到适合你的解决方案。你的竞争对手也有类似的问题,所以你必须去看看。但是,如果在会议室里放一面海盗旗会让你不舒服,那么你需要远离家、远离你的行业,从外国的土地、其他行业、其他地方借用,而不是从你自己的行业里借鉴。你必须去车库外面寻找火灾的解决方案。像摩根船长一样,你会成为一个备受尊敬的私掠船,而不是一个被鄙视的海盗。你在借用想法,但不是从你的同胞这儿借用。它更有挑战性,更有价值。它会更有效吗?也许会,但并不一定。你无法评论硅谷海盗算不算成功。然而,从遥远的地方借用将产生更多的"创造性"解决方案,正如用从好莱坞电影借来的思路构建税务软件程序，比从 TurboTax 借来的思路更具"创造性"。

没有人比查尔斯·达尔文更能代表知识盗贼了。像盖茨一样，他从很远的地方借用了想法，于是他备受尊重，因为他掌握了"借用创意"的奥秘。

远离家的旅行

1831 年春天，达尔文登上了小猎犬号，开始了他的创意之旅。租来的小猎犬号要旅行到很远的地方，负责为英国海军和商船探索和绘制南半球的世界。达尔文刚从学校毕业。他的工作是向罗伯特·费兹罗伊上尉和他的军官提供"知识支持"，为期两年。这是英国海军的一个惯例，因为在海上的几年是乏味的，船员通常是未受教育的、行为粗暴和不讲道德的人。高学历的费兹罗伊希望这个刚刚毕业的大学生能够带来一些学术气氛。幸运的是，这艘船的在场生物学家放弃了他的职位，因为他不能忍受多年的船上生活。在第一个港口停靠时，他便离开了。所以费兹罗伊让年轻的、经验不足的达尔文担起了这份责任。

当船长和船员控制管理船时，达尔文会拖动小猎犬号后面的浮游生物采集网来收集生物样本。他沿岸远足，做了丰富的笔记，观察和收集一路上发现的植物和动物。这艘船沿着航路在南非、巴西、乌拉圭、阿根廷和几十个其他地方停靠。他们游历了塔希提岛、亚速尔群岛和加拉帕戈斯岛。两年的航程慢慢延伸到近五年。

在这段时间，达尔文沉浸在自然世界中。就像盖茨在他的高中计算机实验室里陷入软件的新领域一样，达尔文在他的加拉帕戈斯实验室里，在自己的领域进行了跨领域的生物学研究。他的前任把生物学的书籍留在甲板上了，达尔文传话到英国，让其他人转寄到下一站港口，所以他可以学习当时最重要的生物学家的观点。

起初，达尔文在他的领域复制了他人的想法，就像盖茨和乔布斯做的一样。然后，他通过观察，进一步理解了他所选的主题。你可以从他早期的信中看到明目张胆的借用，其中许多都发表在当地报纸上了。但随后他做了不同的事情。随着小猎犬号远离他的国家，达尔文的想法开始离最初的领域越来越远，在其他人没有探索过的地方寻求新的想法，就像他脚下那艘正在航行的船一样。

从反面借鉴

当寻找可以借用的创意时，离开自身行业的第一步应该是朝相反的方向走。如果市场里的成功做法是做大的东西，那么尝试做小东西。如果你的成功是做软的事情，那么考虑做硬的事情。采纳与流行观念相反的观点总是一种新颖的方法。所以去相反的地方，收集材料。这是我最喜欢的思维技术之一，因为它使用简单，但被认为是极具创意。如果你采取某人的想法，但是通过使用它的反面来掩饰这种借用，他们会称呼你为创意天才。

每个想法都有反面。事实上，我们在第一个事物时往往会暗示排除它的相反面。没有黑暗的概念，就没有光明的概念。没有失败，就没有成功。没有深度，就没有高度。对立是彼此的特征，所以它们叫对手。对立相互吸引，因为它们密切相关。

达尔文远离自身领域公认的想法的第一步，是研究相似之处。与其做学术海盗，和其他的生物学家一样获得相同的知识地位，他决定采取相反的立场。你看，当其他人周游世界，通过记录各种植物和动物之间微妙的差异来分类和编目不同的物种时，达尔文则相反，开始记录它们的相似之处。例如，他注意到加拉帕戈斯岛的圣克里斯托瓦尔地区的鸟类和他在一年前远在千里之外的亚速尔群岛的鸟有着惊人的相似。当然，也有微妙的差异，但他更着迷那些相似性，胜过差异。无论去哪里，鸟儿始终是鸟儿。事实上，他甚至想知道从结构的角度来看，雀鸟的翅膀为什么如此像人类的手。如果你研究过鸟类的翅膀的骨骼形态,它非常像一只有着细长手指的手。这种想法与他所在领域的其他人的想法相反。当他还在小猎犬号上时,正是这种想法开始让他相信,这些动物并不是像人们想的那样起源于不同的物种,它们是相关的。他开始相信,加拉帕戈斯岛的圣克里斯托瓦尔地区的鸟和亚速尔群岛的鸟是同一种鸟的后代,不知何故而分开,进化并适应了不同的环境。这解释了它们之间细微的差别。事实上,他开始推理,所有物种之间都具有相似性,并开始认为所有的生物都是这样进化来的。也许他和雀鸟拥有共同的祖先。这是完全激进的想法,尤其是在他生活的维多利亚时代,那是一个圣经至上的时代。这是相反的想法。他借用了生物学家同仁的想法,但却迈出了相反的一步。

商业史充满了和市场领跑者背道而驰,然后成为新的市场领跑者的故事。事实上,可乐之战正是由于这种创意思维引发的。可口可乐作为市场领导者,在1886年推出新的饮料产品,并迅速成为美国最受欢迎的饮料。其他人试图模仿这个想法,但收效甚微。在接下来的三年里,可口可乐占据了行业80%的市场份额,破坏了整个竞争。然后,1923年,Loft Candy公司买下了其中一个破产的竞争对手公司,名为百事可乐。

Loft Candy的总裁查尔斯·古思,努力使产品盈利,但他始终不敌可口可乐公司。直到古思接受了他的竞争对手的优势,决定反其道而行之,让自己获得了竞争力。如果可乐已经成为过去的两代人首选的可乐，古思推断，让我们成为相反的，把目标放在年轻一代的身上。他把这一战略加以贯彻，通过添加更多的糖，降低价格，扩大 30% 的瓶身。他接着宣传百事是年轻一代的可乐，把它定位为可口可乐的"反面"。几年内，它占有了 40% 的市场份额，可口可乐再也无法恢复自己以前的压倒性优势。

7 年后，七喜公司向百事公司学习，提出了一个类似的战略。它把自己的软饮料放在可口可乐和百事可乐的对面。它不是深棕色的，而是透明的。他们把它称为 Uncola，这是一个聪明的办法，把自己变成可乐的反面。预感到这是一位厉害的竞争对手，可口可乐公司便收购了七喜。

20 世纪 20 年代，可可·香奈儿从反面寻找新的穿衣法则，改变了女性的着装时尚。她从男人那里借来灵感；著名的香奈儿套装，就是及膝裙搭配上剪裁得体且带点男性风的夹克，它创造了一种至今仍在模仿的时尚风格。在她的职业生涯中，她剽窃了男装的面料、风格和物件，把它们与女性元素结合起来，定义一种既大胆又优雅的风格。

所以，采取你的最佳创意，和竞争对手的最佳创意，然后反其道而行之。当我还是一个成功的企业家时，人们问我："你是如何想出一个新公司的创意？"我会告诉他们："研究你所在行业里最成功的竞争对手，然后做和他们相反的事情。"你无法通过复制来打败一个强大得无以复加的竞争对手，但你可以通过做相反的事情打击他们，因为相反的那一面是难以抵御的一面。市场领跑者很难模仿和自己相反的想法。阿尔·里斯和杰克·特劳特称之为"寻找领跑者优势里的弱点"。尽管这个方法看起来很奇怪，其实不然；它是源自对竞争对手的仔细研究。

相反之处并不是屡试不爽，你不一定能找到隐藏的解决方案，所以要探索其他的可能性。一旦你收集了相反的材料，就可以朝陌生的地方迈出更遥远的一步，收集更多的外来的东西。

从类似处借鉴

你应该从无关的地方找到解决相似问题的办法。如果你遇到税务软件的导航问题，那么看看雅虎是如何解决这个问题的。如果你的新车有转向问题，看看摩托车是怎么解决的。如果你是一个小说家，苦于描述人物的性格发展，可以观察其他编剧如何解决性格发展问题。虽是不同地方，但有相似之处。他们解决的问题，和你类似。

谷歌大咖们借鉴了图书馆学科的思想开发了他们的网页排名算法，它类似互联网搜索，但没有直接关联。他们把"引用"目录概念运用至互联网链接，因为搜索引擎如同图书馆员或研究者使用参考文献。于是他们推论，一本书被其他书引用得越多，这本参考书就越重要。拉里说，一篇获得诺贝尔奖的论文可以被数以万计的论文引用。同样，网页的链接越多，互联网站点就越重要。拉里和谢尔盖用他们对问题的定义找到另一个主题来发展他们的创意。他们建立了一个重要的比喻：在万维网上找到一个页面，就像在一个巨大的图书馆里找到一页书一样。网络和图书馆都有数以亿计的页数。这个比喻带来了互联网搜索的创新，创造了整个互联网最重要的工具之一。

达尔文也在自己的学科之外找到了灵感。当他航行到南太平洋时，他不仅仅是在研究生物学。他询问了费兹罗伊船长关于天文导航和操作复杂的19世纪的帆船的知识。他还研究天气。他还翻看了船长所有的书。达尔文特别感兴趣的一本书，是费兹罗伊在启航前直接从作者手中拿的一本。这本书叫《地质学原理》，它是查尔斯·莱尔（Charles Lyell）写的。达尔文和费兹罗伊并不知道，这本书在英国能引起轰动是因为它的争议性和它对圣经创世论理解的挑战。当小猎犬号轻轻地来回摇晃，停泊在厄瓜多尔海岸，我们可以想象年轻的查尔斯对这本书和它所包含的革命思想有多入迷。当然，他和船长对它的内容进行了长时间的讨论。达尔文被生物学家和地质学家之间的相似性吸引了。他自己被分配到研究生物的领域，莱尔负责研究地质领域。但他们都在研究自然科学。

《地质学原理》的中心论点是，地质特征，如山的轮廓、河流的形状或峡谷的深度，是在很长一段时间内微小变化积累的结果。山脉的轮廓被侵蚀，雨水和风慢慢磨平了它，把沙子一粒粒地带下来，在岁月的洗礼下勾勒出巨大的起伏和轮廓。莱尔认为，河流的形状不是出自上帝的手，而是自然形成的，在很长一段时间，河水冲走了外部边缘的土壤，泥沙在下一个拐弯处的内侧边缘沉淀下来。亿万年的时间，创造了大多数河流的弯曲效应。每一天，河水变得更加曲折，所以这种渐进的改变是不可能以每天或者每年的时间段能感觉出来的。峡谷，像山一样，也是以非常缓慢的速度，随着沙子一粒粒被运走而一点点加深。人们现在看到的地质特征，是这种渐变的、难以觉察的进化过程长年累月累积的结果。

莱尔的理论现在很难让人怀疑，因为你可以看到沙子沿着斜坡滚下来，或者沉积在沙洲上，形成河流的曲线。然而，这在当时是十分激进的思想。一滴雨当然不可能塑造出崇山峻岭这样伟大的事物。大多数人认为，山川河流和峡谷是由于圣经所说的灾难、地震、火山，或上帝创造地球时产生的。事实上，当时大多数科学家认为地球只有大约五千年的历史，这是从圣经借来的一个想法。这么短的时间还不够这些大规模的积累发生。莱尔认为地球的年龄是几千万年，在这样一个时间跨度里，山脉、河流、峡谷才能通过微小的变化形成发展。今天，查尔斯·莱尔被认为是现代地质学之父。威斯敏斯特的教堂还保留着他的墓室。然而，人们并不认为他是进化论之父，尽管在许多方面他配得上这个称谓。

你看，查尔斯·达尔文向查尔斯·莱尔借用了激进的地质学想法，并把它应用到自己的想法里创造了激进的生物学概念。几年后莱尔还成为他的导师和朋友。达尔文认为，有机物的演变和无机物一样：随着时间的变化，每一代都积累形成新的生物器官，比如眼睛、手，或翅膀。他用地质学来比喻他在生物学中的观点。正如莱尔指出，沙粒向下移动会最终改变一座山的形状，达尔文指出，小的变化、突变，会出现在每一代动植物身上。虽然短期内微不足道，在相当长的一段时间这些突变与其他突变结合起来，通过进化创造出复杂的生物机体。

达尔文巧妙地借用了地质学领域的创意，并将其应用到不同的领域——生物学，密切关联两个主题。回想起来，这是一个相当明显的比喻，无机物像有机物一样进化。达尔文接下来的行动，把他从创意先行者的地位提高到真正的创意天才，巩固了他作为最有创意的思想家在历史上的地位。他走出自己的领域，从别处获得信息，漂亮地完成了这套理论的构建。

从远方借鉴

离家越远，离本身的主题越远，就能获得更多的奇特材料。位置、距离之间的反差,使材料奇异化,而不是材料本身有多奇特。例如,对于一个科学家来说,商业世界是奇特的,因为商业和科学不同。因此,科学的世界很奇特,这仅仅是从商人的角度来看。反差越大,材料越不寻常。从一场友好的扑克游戏中找到解决办法的经济学家,比那些从亚当·斯密或约翰·梅纳德·凯恩斯那里窃取想法的人,更容易产生一些伟大的创意。商人从自家房子身后的山坡西面生产的奇怪植物里找到解决问题的办法,比起窃取沃伦·巴菲特或唐纳德·特朗普的想法,更容易带来具有伟大的创造性价值的产品,从而解决他的问题。

有创意的私掠船,可以用寻找同样创意或相似创意的办法,寻找新的地盘。他把问题当作地图或路标,投石问路。有时他会有意识地寻找具有类似问题的地方,特别是普通人不会考虑的地方。其他时候,他只是恰好遇到,无意中找到了解决的办法。

约翰·纳什喜欢在耶鲁宿舍里玩扑克。身为宏观经济学的博士研究生,这个游戏能让他放松,头脑可以休息片刻,摆脱数学方程和复杂的解决方案。正是在这些友好的扑克游戏中,他突然意识到白天苦思的经济学问题与他晚上玩的看似简单的纸牌游戏所面临的问题非常相似。在扑克游戏中,每个玩家都是利己的,但是他的输赢以及如何行动,都取决于其他玩家如何行动。同样，在资本主义经济中，每一个参与者都受到他人经济行为的影响。在每一种情况下，玩家不知道别人手上的牌，每个人手上的信息是不完整的。纳什意识到问题的相似性。他开始仔细地研究扑克，借用扑克游戏策略，并出色地应用到经济上的博弈策略，和达尔文如出一辙：借用地质理论并精辟地应用到生物学理论。最终，他将这种扑克游戏与经济问题结合起来，提出了他的经济学观点，几十年后他以此获得了诺贝尔经济学奖。大多数人认为他是个创意天才，部分原因是他远离了自己的本行找到了解决问题的方法。还有什么比"在拥挤的、烟雾缭绕的宿舍里，喝着酒玩纸牌游戏"更加远离凯恩斯主义的宏观经济学的事情？只有有创造力的天才，一个带着问题地图的人，才能在他的心灵中做出这样的联系。纳什的创意非常有含金量！

乔治·德·梅斯特拉尔喜欢在家后面的卢塞恩谷深山里徒步旅行，这座山坐落在瑞士东部地区。这是一个让他放松的方法，在这里他可以摆脱作为发明家和商人的身份。他经常有无数的问题随机闪过脑海。而来到阿尔卑斯山去冒险，有助于抹去意识里的重复想法。一次旅行回来，他发现自己和狗身上都被苍耳覆盖了。他一边摘苍耳，一边想到一个问题，甚至它的解决方案都想到了，这是一个很好的问题，和圣伯纳犬身上的苍耳有关。他在显微镜下研究了这些毛刺，观察到这些大自然的钩子是如何固定在他的衣服和狗的毛皮上的。他意识到这是一个解决紧固问题的方法,同样的问题,我们曾用按钮或拉链来解决过。借用了这个在西面山坡上生长的奇怪植物的想法,他创造了一种称之为"魔术贴"的产品。大多数发明家认为他是一个创意天才,部分原因是他远离服装业,却解决了服装业一个最重要的问题。

纳什和德·梅斯特拉尔是在偶然之间找到了解决办法,而其他人借来的创意却是故意为之的。例如,工程学有一个正式的分支,叫作"仿生学",通过研究有机系统将它们应用到现代技术。换句话说,生物工程师故意远离工程领域,来到生物领域寻找思想。声纳和雷达的开发就是一个很好的例子。英国气象学家刘易斯·理查森对林肯郡里飞行的蝙蝠十分着迷。黄昏时分,他看见它们正在房子外面、田野里捕食昆虫当晚餐,在空中时而飞行时而躲避。令他感兴趣的是这些动物的眼睛是看不见的。它们不是用眼睛在黑暗中看东西,而是发出一种高亢的尖叫声,人的耳朵几乎听不见,然后根据尖叫声从物体返回回声的时间判断位置。理查森称之为"回声定位",他用这一想法解决了北大西洋冰山定位的问题。不幸的是,他直到1912年5月才提交专利申请,那是泰坦尼克号沉没后的一个月。在理查森之后,有人反复借用这个概念来解决其他问题,例如定位德国潜艇("声纳"是声音导航和测距的缩写)和定位空中的飞机（"雷达"是无线电探测和测距的缩写）。还有其他仿生学工程师模仿了莲花的能力去污防水，开发了具有同等性能的涂料和织物。工程师称这些产品为超疏水材料。咱们姑且称它们为借来的材料。这些借鉴是如此远离它们最初的领域，它们有资格成为真正的创意解决方案。

当然，没有人比查尔斯·达尔文更能精通"借用创意"。我并不清楚他是否运用了我所说的创意生产过程，即从有类似问题的地方寻找值得借鉴的答案。但我知道，他就是这么做的。他是有意还是无意为之，这不重要。重要的是，我们应该学会思考他的思考方式，模拟达尔文的头脑，这样就可以构建自己的解决方案，解决自己的问题。

达尔文意识到微小的生物突变需要积累很长时间，这是从莱尔那借来的一个想法。但是这些突变是如何形成他所观察到的复杂生物物种，这远远超出了他的智力掌握。因此，在接下来的十年里，他沉浸在生物学实验和研究中。他培育了鸽子，研究了盐水蚌的进化。他意识到他可以通过选择育种来放大他所期望的动物的不同特征。通过管理交配过程，他可以孕育出飞得更快、有更大的翼，或不同颜色的羽毛的鸽子。这不是一个伟大的发现，因为人们已经有选择地培育动物长达几个世纪了。达尔文想知道的是，当没有人类参与到这个过程中时，选择性育种是如何工作的？推动进化过程的自然机制是什么？

他想了好几年。有时问题浮现在他头脑的最深处,使他思考了很久。其他时候,他也考虑过不同的问题,把他的核心问题藏在潜意识。他到处寻找事实,收集信息,记录其他观点,寻找新的和不同的想法。他阅读相关领域的东西,也做过智慧远行,一边沉思着自己的问题,一边在脑海里创造了一张创意地图——寻找其他解决方案的地图。他阅读的书有鸟类的、相术类的、认识论和其他学科的书籍。直到1838年9月,当他坐下来读到一位颇受欢迎,也颇有争议的政治经济学家写的文章时,终于开窍了。

托马斯·马尔萨斯是一位著名的、拥有大量读者的英国人口学家和经济学家。他曾发表《人口论》一文。在文中,马尔萨斯说,人口增殖力比土地提供人类生活资料的能力更为强大。他解释说,这是因为,人口以几何速度自然增长(2、4、8、16等等)而食物供应自然以算术级数增长(2、3、4、5,等等)。他解释说,人口失控的增长通常被他所谓的"抑制"阻止,因为对人类来说,最终的抑制是饥饿,其他的抑制包括地方性疾病和长期的战争。马尔萨斯假设的本质是,随着任何物种的数量增长,该物种的成员最终将不得不争夺有限的资源。

正是在这一点上,达尔文找到了灵感,或者说这是一位德高望重的英国绅士和学者的等效表达。他立刻意识到马尔萨斯描述的问题和他多年来一直在思考的问题之间具有相似性。这是他完成进化论构建要解决的最后一个难题。现在他知道了推动进化过程的自然机制。是生存斗争，管理着物种的进化。携带着这些微小突变的后来者们因此活下来，在进化的自然进程中通过繁衍再传播这些变异和突变。的确如此。

你是否相信"自然选择带来进化"，这并不重要。你也不需要相信达尔文的理论，承认他的创意很伟大。他周游在不同的领域，从与生物学密切相关的地方借鉴，也从很远的、大多数人都不想去的地方借鉴。这是给我们上的一堂创造性思维的课，它并不复杂。创意思考者通常从具有类似问题的地方借用解决方案，然后以独特的方式结合这些解决方案，解决他的问题。从竞争对手处借鉴，你被认为是一个知识盗贼。从相邻行业借鉴，你是一艘知识私掠船。远离你的领域，从不相关的主题里借用，你是一个创意天才。以独特的方式结合所有这些东西，隐藏借鉴的轨迹，适当调整，以便它们能最好地服务于你的目的，解决你的问题。这就是创意的来源和结合，它们结合的方式决定了别人对你的创意的评价。

坐在单人公寓里，这里全是我的想法，我把它们写下来，当作解决方案的来源。你会开发出自己的地盘。记住，解决问题的材料将决定解决方案的质量。用水去处理电火，不要指望火会熄灭。材料将决定设计。你不能用劣等葡萄酿出好酒。

创意和剽窃之间有一条细线，这条线往往由借鉴的源头决定。爱因斯坦提醒我们，创造就是在隐藏来源。弗朗西斯·斯科特·菲茨杰拉德的妻子泽尔达曾说，"菲茨杰拉德先生认为剽窃始于家庭。"

对我来说，意识到创造性思维的真正来源是其他的思想，这是一次经验认知的解放。它让我在创作中更加深思熟虑。它允许我精确地、有意图地完成借鉴，并通过把各种复制结合，用前人未有的方式重新组合它们，隐藏我的来源。先复制后创造。借用创意意味着建设在别人的想法之上，所以创造力取决于定义问题的能力，然后把这个问题当作地图去寻找别人的想法。从这些材料中，你会找到合适的比喻，找到根据现有创意构建新创意的方法。发现和扩展合适的比喻将是下一步和下一章的重点。

长途跋涉的第二步

汤姆作为 TurboTax 的头儿，雇佣我负责管理直接营销项目。他认为我是直销专家。我不想当一个营销专家，也懒得说服他，这不是真相。见鬼，我连自己的邮件都不看，更不用说研究了。我在 Preferred Capital 已经开发了一个汤姆熟悉的复杂的直接营销计划，但这似乎是纯靠运气，而不是一些固有的直销技巧。

汤姆向我解释他的商业模式。"我们有三个销售渠道，"他说。"像史泰博公司和马克斯办公用品公司一样在零售店出售，我们还在 www.turbotax.com 进行线上销售。我们还通过邮件直接卖给客户。前两个渠道正在成长。最后一个仍然毫无起色。你的工作就是让它有起色。"他说。

我搬出了亚利桑那州租来的公寓，住进了圣迭戈的汽车旅馆。我不确定自己的方向是否正确。我开始使用我的创意工具，在建立一个复杂的解决方案之前先研究这个问题。然而观察结果让我备感困扰。虽然项目没有成长，但它已经非常成功，思虑周全。根据以往的报税季节的客户名单（用户登记产品和申请退税），当前程序会在报税季节到来之前发送三封邮件，彼此相隔一个月，要求客户订购新产品并获得"免费赠送"。困扰我的是高响应率。在邮件营销中，获得 2%~3% 的客户，就算成功。TurboTax 的成功率更高。

"你想让我改进一个已经有 15% 响应率的程序？"我问汤姆。

"是的，"他回答。汤姆指派我去改进一个我见过的最成功的直销计划。

"那真是要谢谢你了，"我说。

带着无所畏惧，带着一份绝望，我继续研究这个问题。我没有试图改善目前的情况，而是扭转问题方向，我问自己：为什么它在一开始就这么有用？如何产生如此高的响应率？带着这些疑问和其他信息，我开始建立对问题的整体理解；我要确定高级别的问题和低级别的问题。

然后我进入到下一步：借用材料来解决问题。我告诉我的家人和朋友我在做什么，并要求他们保留他们收到的每一份有趣的垃圾邮件。几个星期后，我得到了一大堆推销产品邮件。我研究它，打破每一个组成部分。我手头有信件、订单、小册子、信封、洗发水样品、**CD**、**DVD** 和其他数以百计的奇怪的东西。

我需要想出一个好主意。这是我唯一的机会，能助我摆脱当前的困境。我喝着 Stoli and Cran，在 6 号汽车旅馆里冥思苦想。我不知道该如何处理这些垃圾邮件，我问自己：如何才能摆脱它们，构建一个创造性的想法？

我一无所获。

03
第三步：结合
将这些不完整的创意排列组合

时间回到26年前，我坐在厨房里。这是我的家，在马萨诸塞州萨德伯里市，挨着豪松街。那时我还是个漂亮的小孩，看起来很快乐。我不知道后来我会变成秃头，并在未来几十年还增重15公斤。

电话响了，我接了。

"你在干什么？"一个声音响起。这是我高中伙伴乔·尤吉卡。

"在和你说话啊，"我回答。

"准备一下，我来接你。"

"我们要去哪里？"我问。

"去看电影。"

"我没有心情，"我说。

"没关系。我20分钟后到。电影昨晚就上映了。我和保拉一起看的。我要再看一遍。

这是拍得最棒的电影。"

到中午时分我才坐上车。乔卖了个关子,他不告诉我这部电影的名字,也不解释星期六下午看的电影为什么这么重要。谁演的?我问。他说不知道。这是关于什么的?他说,很难解释。你为什么想再看一次?它真的很棒,他回答。这是什么样的电影?我不确定。那它有阴谋吗?他笑着告诉我,这是最好的电影。他的不确定和脸上古怪的表情激怒了我。乔这个人,就喜欢激怒我。这不是我第一次听到他用"最好的"来形容事情。他的女朋友是最好的,开的车是最好的,抽的烟是最好的。好吧,你明白了吧。

"这是最好的,穆雷。绝对是最好的!"

"为什么?"我问。

"你就等着吧。"

一小时后,剧场灯光变暗,投影开始了,观众开始欢呼,屏幕上出现了九个简单的单词:

很久以前,在一个遥远的星系(A long time ago, in a Galaxy far away...)……

我唯一一次听到观众在电影院欢呼是《大白鲨》的结尾——鲨鱼被炸飞了。我从来没有见过哪部电影像现在这样还没开始就有人欢呼。显然,乔并不是唯一一个看了首映的人,我能感觉到那种兴奋和期待,像是在波士顿花园听史密斯飞船乐队的演唱会，乐队在上台之前先调暗观众席灯光。有一些话，悖论式的介绍，触动了我。这是科幻小说吗？这是关于未来？还是关于过去？这到底是什么？这些话似乎很熟悉，尽管我从来没有见过他们。乔之前的不确定，现在看来，是合理的反应。

大约在同一时间，当我坐在东海岸的这个剧院里，乔治·卢卡斯和他的妻子却在西海岸，在曼恩华人剧院对面的汉堡村用餐。他们又累又饿。剪辑国外电影版本的压力，让他错过了电影的首映式，事实上，他完全忘了电影是在前一天晚上上映的。卢卡斯十分专注。他讨厌好莱坞，炒作、制片商和交易，所以他都不关心自己的首映礼。

吃饭时，他向窗外望去，看见日落大道挤满了人，交通拥堵。星期六早晨出现这样的景象是很奇怪的。他问服务员发生了什么事。

"有新电影上映了，"她说。

"新电影，"他问道。"什么电影？"

"你没听说过吗？"她回答，"是《星球大战》。人们看完又看。昨天晚上我看过了，我很快去看了第二遍，太酷了。你们应该看看。"

卢卡斯和他的妻子看着对方，难以置信。他的下巴都合不拢了，而她眼里浸满了泪水。他一定在想这一切是在开玩笑。他再次看着外面拥挤的人潮，这是他制造出来的混乱。几十年过去了,好莱坞再难见到此景。它成了最成功的电影,空前绝后。

当我和乔坐在新英格兰看着这部电影时,我被乌奇族、绝地武士和帝国风暴战士深深吸引。我想,这次乔是对的,这是最棒的电影。这肯定是最有创意的。

26年后,我待在圣迭戈的一个汽车旅馆里,思考着信函、订单、宣传册、信封、洗发水样品。为了搞定TurboTax的直接邮件程序,我搜集这些东西。和乔在剧院里的体验一下进入我的脑海。起初我忘了这段记忆,随后我意识到这是另一条线索。它包含了问题的答案:如何抛开这些东西,建构出一个全新的创意?如果《星球大战》是我所见过的最有创造力的东西,那么原因是什么?在过去的几十年里,我已经看了几十次电影。我有珍藏版DVD,还有十几本关于制作电影的书。在Preferred Capital,我们把"星球大战"比喻成业务,甚至把我们自己的视频版本比喻成"租赁大战",我们的顶级销售人员被称为"绝地武士"。我认为自己是一个现代版的汉·索洛[1],我的头发也和他一样灰白,我的大部分员工坚持叫我尤达[2],尽管我很不喜

---

[1] 汉·索洛,电影《星球大战》正传三部曲中的主要角色,在电影中由哈里森·福特(Harrison Ford)主演。他原本是走私货船"千年隼号"的船长,后来成为义军的重要成员。

[2] 尤达,Yoda,电影《星球大战》系列中的人物,绝地委员会大师,德高望重,隐居在行星达戈巴的沼泽中度过了他的余生。

欢。好好想一想吧。有了对卢卡斯创作的深刻认识，我可以很好地回答自己的问题。我知道，乔治结合了几个不同的流派，创造了这部电影，他借用了大量的其他电影和电视节目。但是，我不知道他是如何把这些材料结合在一起，使之成为一个无缝的、连贯的创作。我给自己提了更多的问题。他是如何创造剧本的？如何做创造性的组合？只是把两个借来的东西放在一起吗？

定义创新

坐在 TurboTax 的商务会议现场，我的思绪开始放飞，一直在思考组合与创新。有这么简单吗？我开始分析我的想法，看看它们是否只是其他想法的组合。每个例子都证实了我的假设。每个例子都是其他东西的组合。

然后我问自己：人类历史上最有创意的想法是什么？我无意识地瞥了一眼坐我对面的朋友金·贝宁登多。几分钟后，她开始觉得不舒服，她也盯着我，带着一种你到底在看什么的表情看着我。我没有意识到我一直在出神地看着她，我已经陷入了深深的思考，对自己的行为没有意识，我正忙于为想法进行排序，找出最有创造性的想法。是达尔文的自然选择理论吗？如来佛祖对人类苦难的定义？爱因斯坦的相对论？或者是星球大战？我一直在想啊想。

然后我意识到为什么我一直盯着她。你看，金已经怀孕九个月了，离预产期只有一个星期了。我察觉到她回答了我的问题，那个重复在我脑子里的问题。她携带着人类历史上最有创造力的东西，就是人类本身。

然后我思考着后面的问题：如果这是真的，那么，人也是两个其他东西的组合？答案当然是：是的。一个人，是由母亲的卵子与父亲的精子结合而形成的，从一个细胞变成一个新的生命，再到一个新的人类。事实上，大多数有机物种是这样形成的；一种新的有机体是两种现存有机体的结合。这是生命本身的定义。金未出生的孩子成为我的灵感，我构建了一个重要的比喻：人是由其他人组成的，想法是由其他想法组成的。这就是为什么思想产生彼此，这就是我说的为什么创意是借来的，一直都是。这就是创意首先被称为概念的原因。

创意带来复杂性

如果这个假设是真的，如果创意是现有材料的组合的结果，那么随着时间的推移，你可以想象到，这些想法、概念、事物和我们的整个世界会变得越来越复杂，这是创作的结果。这是你在审视思想、概念、事物和世界本身的历史和进化时的所见所想。这是一个越来越复杂的世界,正如所有有机物种由于亿万年自身进化,变得更加复杂。

根据进化生物学家理查德·道金斯(Richard Dawkins)的说法,生物结合的结果,就是新的生命出现,这个生命包含了它的父母遗传密码。道金斯告诉我们,人类是复制机器。然而,人类并不是完美的复制品,基因库里也会存在错误。第一步,自然(nature)选择了先复制后创造。道金斯解释说,眼睛是一种简单的光敏神经细胞,它的出现就是一种突变,一开始它能粗略地检测出电磁辐射(光)所产生的简单图案。这种遗传缺陷在生存斗争中被证明是非常有效的,因为它允许生物体探测捕食者,发现配偶,更有效地捕猎。经过了难以置信的漫长岁月和数十亿次的组合之后,眼睛进化并变得更加复杂,增加了瞳孔、晶状体、角膜和其他复杂突变。现在眼睛可以检测到光的深浅,可以看到复杂的形状和图案,以及两只眼睛的结合使人能感觉到景深。生物进化是漫长岁月里组合的结果,最终的结果是巨大、复杂、美丽的,人的眼睛就是很好的证明。当然还有其他高度进化的人类特征。

思想也是如此。智力进化,也是思想与其他观念长期结合的结果,产生了巨大的复杂性。说到创意,人类仍然是一台复制机器。记住,尼安德特人看到了岩石山上滚下来的石头,复制了车轮。然后另一个穴居人把轮子和篮子结合起来,制作了第一个手推车。后来，美索不达米亚士兵把马和手推车结合成第一部战车。不久之后，另一个人复制了战车，又增加了两个轮子，创造了第一辆马车。几个世纪后，蒸汽机取代了马，再增加其余部件，第一辆汽车被创造出来了。每一个创意都是以前创意的混合体，所以事情变得越来越复杂。与罗马战车的轮子和其他部件相比，今天的汽车由成千上万的零件组成。今天的世界要复杂得多。

达·芬奇因为掌握了许多不同的学科而受到钦佩，但他所生活的世界和所学的学科并不像现在这样复杂。在15世纪，他阅读几十本关于数学的书，就能理解大多数需要理解的东西。今天的世界，已经不可能读完所有的数学书，那可是几百万本。为了掌握一门学科，个人必须专攻数学的一个特定分支，如高级算法分析几何。在这个过程中，他几乎没有时间学习工程学、植物学、医学和建筑学。可悲的是，永远不会有另一个达·芬奇，这个文艺复兴时期的巨人。不是因为人们变得不聪明了，而是因为要掌握和精通多个学科实在是太复杂了。

你可以为此而哀叹，为之奋斗，渴望"美好的过去"。或者你可以简单地理解它，接受它，成为思想的创造者，而不仅仅是它们的消费者。你可以为生活增加复杂和美丽。

当然，复杂是进化过程的最终结果，从根本上讲进化是一个简单的事情。一个想法变得复杂，因为添加了更多的事物。

然而，就像"孩子"这个概念，创意概念的核心就是简单。它是两个现存事物的融合，催生出一个新的事物。

制作创意组合

既然我一直在用建筑来比喻"借用创意"的前几个步骤，让我们再次回到这个比喻中，了解这些创造性的组合。正如本章的副标题所示，组合行为可以形成新的创意结构。简单地说，这个"结构"是由一个或多个"构件"连接而成的。建筑物是由混凝土、钢和玻璃构成的结构。芝加哥的西亚士大厦是由这些部件组成的，澳大利亚海岸的悉尼歌剧院也是如此。但它们看起来完全不同，功能也大相径庭。这些结构之间的区别不在组件，而在于它们如何连接和组合。

为了构建新的创意，你要用现有的创意来构建它们。像摩天大楼一样，一个创意有不同的组成部分，并组成一个整体结构。作为一个思想设计师，你要开始设计，首先借用整体结构，然后拆分、重新排列、替换、作加减法来调整结构，然后将它们重新组合在一起，形成一个新的结构。本章，即第三步，只关注整体结构的构造，而不关注重新排列、置换或加／减组件。你将在第六步做这些事情，我将在最后一章中介绍它们。现在，你要考虑的是整体形式。

小心不要混淆术语，因为每个实体可以被看做是一个更大的结构之下的结构或一个组成部分，这取决于你的观点。换句话说，每一个建筑模块都由其他建筑模块组成。地球是由海洋、大陆、植物、动物和数十亿其他组件组成的结构体。然而，从另一个角度来看，它也是一个零件，是更大的太阳系的一部分。整体是部分的总和。当孤立看待时，每个零件本身就是另一个整体，是更小零件的总和。一个人的结构是另一个人的组成部分。反之亦然。

在企业中，人们常常混淆了战略与战术，因为战略是结构性的，战术是战略的组成部分。从 CEO 的角度来看，直销是一种战术，构成了他的整体战略。然而，从营销经理的角度来看，直销是战略，而信封、清单和包装是战术。一个人的战术是另一个人的战略。反之亦然。

一个创造性的思想家，要有强大的智力工具，建立起创意理念的整体形式。为了创造，你要学会使用，因为比喻思维就是在建立想法的整体结构。通过比喻，两个创意结合，融合成一个新的创意。

把比喻当作结构

创意都是从比喻或类比开始的，无论是有意识的还是下意识的。通过使用比喻，把两件事情放在一起比较就能理智地连接这两件事。一旦建立连接，扩展比喻，这两件事得到发展，两个想法被合并在一起。在子宫里，母亲的单个细胞与父亲的单个细胞结合，从而创造了生命。在头脑中，通过比较，某一处的想法和另一处的某个想法相结合。一个新的想法诞生了，通过比较和扩展而发展。这不是一个新的或激进的思维技巧。它和语言本身一样古老。语言孕育在比喻里，两个事物进行比较，生成新的构词和意义。人们通过比喻和类比来学习和创造。古希腊人就很清楚这一点。这就是为什么亚里士多德说："通过比喻，我们可以深刻理解新鲜事物。"

比喻是思考的基础。它不仅仅是一个文学工具。在经典作品《我们赖以生存的比喻》（*Metaphors We Live By*）一书中，作者乔治·莱考夫（George Lakoff）和马克·约翰逊（Mark Johnson）说，"我们发现，比喻在日常生活中无处不在，不仅在语言中，而且在思维和行动中。概念系统，从我们的思想和行为来看，本质上是一种比喻。"例如，作者们常用"争论就是战争"这个比喻来形容意见分歧时的感受。即使我们从不说"争论就是战争"，我们表达的仍然是这个意思。我们说：你的说法是站不住脚的。他在寻找我的论点的薄弱点。他的批评是正确的。他击溃了我所有的论点。"比喻的本质，"他们说，"是理解和体验另一种事物。"

为了有效地使用这个工具,在重新学习比喻和类比的力量之前,你必须忘掉一些事情。如果你和我一样,你可能认为比喻和类比是用来丰富语言或散文的语法手段。你认为,比喻是给诗人、牧师和政治家们用来发表十四行诗、进行布道和发表演讲的。比喻就是你暗示一件事是另一回事。天上的苹果是个比喻。相反,类比是你说一件事"像"另一件事。月亮就像天空中的一个苹果,这是类比。在创意世界里,比喻和类比是一样的。他们只是用一件事来描述另一件事。无论你是用比喻还是类比的方式把苹果比作月亮,都不重要。重要的是你用一种方式描述了另一件事,你在两件事之间建立了一种智慧联系。通过比喻,你理智地结合了这两种观点。这个组合孕育了一个新的思想结构,新的认识就此诞生了。每一个创意都是这样产生的,因为每一个创意都是既有想法的结合。创造性思考者,其实是一个比喻思考者。就是这样。

一旦你理解了比喻和类比,你就会看到它们无处不在。你会意识到你坐着的椅子,它的腿是由过去某一位古代发明家发明的,他把他的新发明与人类的身体作了比较,根据头脑中现存的组件联想到新组件。他用腿和手臂的字眼,来形容这件家具和人体的形状,很可能用它来创造椅子。随着时间的推移和重复使用,比喻的特质丢失了,词或短语只停留在了字面意义。今天,很少有人认为椅子的腿是一种比喻,只是把它当作椅子组件的字面描述。拉尔夫·沃尔多·爱默生（Ralph Waldo Emerson）指出，比喻"是语言诞生的沃土，直义语言是死去的比喻的坟墓"。对语言来说确实如此，思想、知识和新观念的创造也是如此。

莱考夫和约翰逊解释说，想象是因为对比喻有了新的理解。新的思维方式和新的思想，都是结合了以前从未结合过的事物，由新的比喻构成的。"因此，"他们说，"创新和新奇并非不可思议，它们不是无中生有的。它们是用日常比喻和其他常见概念构建的。"例如，我在书的第一部分，使用了建筑比喻，所以我把创意看作是一个建筑。我把问题当作建筑物的基础，把现有的想法当作建筑材料，把这些想法的组合当作新想法的结构。这样可以让创意的概念更加清晰易懂。我也可以选择一个不同的结构比喻，比如把创意当作食物，那样我会写出一本结构不同的书。我会把现有的想法比作新食谱的食材。我会教你如何烘焙新的想法或如何炖煮它们。也许我会教你用勺子喂组织里的其他人。事实上，我在早期构思这本书时就打算使用这个比喻，如果你仔细观察，你仍然可以看到它的痕迹。还有人认为创意就是一株植物，还教人如何播种想法。他们认为创意可以开花结果，也可以枯死在藤上。我选择使用建筑物这个比喻，来建造创意和它的整体结构。所有人都是这样创造东西的。

伟大的创新者能娴熟地使用比喻。不幸的是，你的国语老师毁了这个概念，他们只想让你掌握一个简单的写作技巧而已。比喻的作用远远不止于此。创意的故事是关于它的创造者如何构建一个新的比喻，以此作为手段来制定新想法的故事。比喻越不寻常，创意就越独特。艾萨克·牛顿、沃尔特·迪士尼、约翰·纳什、乔治·卢卡斯和西格蒙德·弗洛伊德都用比喻和类比来建构他们的创新。每个人对自身主题的思考都是不同的主题。正如你在上一章所学到的，一个创意天才总是去很远的地方寻找材料来构建他的解决方案。天才会使用有意义的比喻把材料一一结合。牛顿把苹果比作月球，把地球物理学（苹果）和天体物理学（月亮）结合起来，最终结合了伽利略和开普勒的工作。达尔文用"选择性育种"作为自然的比喻，将政治经济学与生物学相结合，创立了进化论。这就是为什么他在《物种起源》里强调自然这个词。他希望读者把它看作一个恰当的代名词，就好像它是一个人。约翰·纳什用一个扑克游戏作为微观经济学的比喻，构建了一个新的宏观经济理论。迪士尼用电影比喻创造了一个游乐园。乔治·卢卡斯用神话比喻构造科幻电影。西格蒙德·弗洛伊德使用了许多不同的比喻和类比来建构心理学领域，现在它们都躺在了爱默生的直义语言的墓地里。很少有人认为意识流是一种比喻，因为它的使用次数太多了，以至于人们把它当作一种描述思想的文字方式，而不是一种与河流流动相关的比喻。

"在心理学上,"弗洛伊德说,"我们只能通过类比来描述事物。这里面没有什么特别之处,这样的例子比比皆是。但我们必须不断改变这些类比,因为他们无法持续足够长的时间。"弗洛伊德研究过水力、流体,使用了"流"和"阻力"这样的比喻词。他借用了对某些事物的现有理解,创造了一种新的认识。当流水比喻不起作用时,当它不能再扩展时,他变成了军事比喻,用"侵略"和"防卫"等术语来描述思想。一个有创造力的思考者明白比喻不是十全十美的,当它无法工作时,不要害怕放弃这个比喻。例如,在这本书的后半部分,我使用了另一个比喻——进化,我把创意看作一个人。与人类一样,创意可以随着时间的推移而进化,创意也能孕育出另一个创意。潜意识就像一个子宫,判断是推动创意进化的机制,正如生存的斗争推动着有机进化一样。因为创造一个想法就是在不断试错,我很难继续使用建筑这个比喻,相反我选择了一个新的比喻来解释和创造这一过程。这本书分为两部分。首先是"思想的起源",我使用了建筑比喻。第二个是"观念的演变",我改而使用有机物的进化作为比喻的整体结构。

让我们跟随《星球大战》的创作,看乔治·卢卡斯如何用一个重要的比喻来创作自己的剧本。他在整个电影中不断拓展这个比喻,当它不起作用时,便马上放弃它。随着故事的展开,我将指出如何使用相同的方法来组合构建自己的商业理念。

毕竟，商人使用比喻来创造和销售产品，和科学家、作家使用它们来构建理论和电影是一样的。你认为比尔·盖茨为什么要把电脑屏幕叫作桌面？你认为他是从哪里得到最畅销的产品 Windows 的名字？在商业中，在所有的学科中，不同的比喻会构成不同的观点。雅虎使用一个建筑比喻，把他们的网站当作一个门户，一个进入互联网的入口点。另一方面，谷歌用一个完全不同的比喻来解决类似的问题。他们使用一个图书馆的比喻，把他们的网站当作图书馆员编目书籍，利用引用和页面排名的概念来创建自己的公司。到最后，图书馆比喻，比建筑比喻，更能有效地解决问题，这证明了选择正确的类比的重要性。

比喻就像氧气，到处都是，你甚至没法注意到它们，因为大多数是暗示的，但正是这种暗示形成了你的思维结构。如果你掌握了它们，你就掌握了创意思维。正如在本书的其他部分，我只不过是在潜意识里完成思考，然后把它们放入意识的世界，这样你可以更高效地开发它们。

构建创意

"借用创意"的第三步是建设。它把两件事联系结合起来，从而产生一个新的东西。1945 年，法国数学家雅克·阿达马（Jacques Hadamard）让阿尔伯特·爱因斯坦（Albert Einstein）

解释一下什么是创造性思维。爱因斯坦停下来认真思考，告诉他就是一种简单的"组合游戏"。所以，无论你正在解决像爱因斯坦一样的复杂的理论物理问题，或是编剧卢卡斯面临的问题，还是直邮营销经理面对的简单问题，都是组合的游戏。换句话说，你要尝试不同的比喻，看它们如何为你的想法创造一个新的组合结构。

创造性地使用比喻，包括三个阶段。首先，通过联系两件事情，建立一个比喻。你会在上一步收集到的材料中找到线索。例如，如果你创建一个新的税务软件程序，你可以使用 TurboTax、雅虎或好莱坞电影作为你的结构比喻。离你的主题越远，你使用的材料越多，比喻就越独特，所以问题的解决方案就越独特。第二，扩展比喻，为你的想法建立一个框架，让创意获得成长。你会找到结合得最好的创意，可以形成更合适的整体结构，在某种程度上，图书馆比喻比建筑物比喻更适于用于在互联网上寻找事物。第三，当它延伸得太远，变得毫无意义，就要放弃这个比喻。谷歌里的一切不是都基于图书馆比喻的，只是整体结构借鉴了这个想法。在这一点上，你要寻找新的和更合适的比喻。掌握了这些阶段，你就掌握借用创意的第三个步骤。

像任何复杂的概念一样，星球大战的创意结构是花了很多年才发展成形的。这是一个复杂合成的、借来的思想，通过巧妙的结合创造出一个独特的结构，让电影观众大吃一惊。虽然你和我没有乔治·卢卡斯这般的创造才能，但这并不会影响模仿。

乔治·卢卡斯从小生活在加利福尼亚州莫德斯托小镇上一个尘土飞扬的农场里。远离好莱坞的明亮灯光，周围都是农场和田地，年轻的卢卡斯天资并不突出，也没有想过创造什么伟大的事业。因为家里没有电视，还在读小学的他每天晚上6:00都会出现在邻居家中，观看《探险剧场》，这是一个电视节目，专门播放20世纪三四十年代的B级旧电影。到了高中，他喜欢驾驶着自己的福特雷鸟，穿梭在莫德斯托的大街上，梦想着成为一名赛车手。

乔治·卢卡斯后来进入了莫德斯托专科学校。他和发小约翰·普拉默每个周末都会去旧金山，流连于当地的咖啡厅、爵士俱乐部和特色书店。他发现有一种完全不同类型的电影，叫作艺术电影，或是被称为"短片（shorts）"。正如普拉默所说，"这时乔治开始了真正的探索。我们去了联合大街上专门播放艺术电影的电影院，开车参加了旧金山的一个电影节，旧金山牛谷区有一个'垮掉的一代'常去的咖啡馆，那儿常常播放短片"。

在这些短片里，卢卡斯找到了他的使命。后来，他进入南加州大学电影学院，在那里他成了一个传奇，现在仍是。在其他学生努力拍摄一段20分钟的电影时，卢卡斯一个学期就能完成两到三部不错的电影,还有预告片。他喜欢剪辑,喜欢戴着白手套,在很长的电影胶片前坐几个小时,用油性笔剪切,小房间里充满了拼接胶的味道。据说他可以用电话簿制作一部有趣的电影。

他在南加州大学的最后一个项目是一部科幻电影短片,叫作《电子迷宫:*THX1138 4EB*》。这是当时的一个惊人之作,一部视觉大片,相当于一部用工作室预算拍摄出来的电影,实际只用了学生津贴。它在全美大学生电影节获得好评,得到了大电影制片厂的关注,也为自己赢得了在好莱坞的华纳兄弟公司实习的机会。

乔治·卢卡斯加入华纳兄弟制片厂的这一天,正是杰克·华纳清理自己的书桌退休的同一天。卢卡斯被分配给一个很有前途的年轻导演,这个二十出头的家伙叫弗朗西斯·福特·科波拉。生性乐观的科波拉把卢卡斯称为"七十岁的孩子",因为他总是庄严肃穆的样子。讽刺的是,幼稚的科波拉拍摄了严肃的电影,如《教父》和《现代启示录》,而更"成熟"的卢卡斯制作了《星球大战》和《夺宝奇兵》。

很快,科波拉和卢卡斯离开了华纳兄弟,在加利福尼亚北部创办了自己的公司,叫美国西洋镜电影公司。初创资本来自华纳兄弟公司,公司计划用五部电影来收回投资。科波拉说服卢卡斯重新制作他学生时代的辉煌的电影,把它变成一个完整的电影《THX-1138》。这部电影空有雄心和视觉设计，但是缺乏良好情节，前景并不乐观。票房惨败。华纳兄弟要求退款。最后西洋镜公司破产，科波拉和卢卡斯也分道扬镳了。

在接下来的几年里，卢卡斯从事了摄影和编辑工作。为了挽救自己的事业，他决定编写并导演一部主流电影。在他心里，他又回到了莫德斯托，在街上开着他的福特雷鸟。根据这些经验，他用汽车、女孩和流行音乐等简单的视觉效果，构建了简单的电影剧本。

《美国风情画》成为当时最成功的电影。成本不到100万美元，票房却超过5000万。它甚至获得了几个奥斯卡奖提名。然而，更重要的是，它拯救了这位年轻导演，让他重新追求自己的梦想：创作一部重要而复杂的科幻电影。

建立比喻

比喻始于比较。创新者从另一个角度看待事物。对你来说，这些比较建立在"借用创意"第二步里搜集的材料。记住，既然把对问题的定义当作寻找材料的地图，那么它们就已经有了共同之处。通过对问题的感知，它们彼此联系。例如，你从好莱坞电影借鉴创意来构建你的税务软件程序，其原因是因为你把问题定义成在客户的头脑中创造一种情绪。所以，你认识到电影是一种可以为顾客营造情绪的产品。根据这个材料,你建立了一个比喻,税务筹划就像看好莱坞电影。与此形成对比的是 TurboTax 的思考方式,他们采用了面试的比喻,搭建产品的结构。换句话说,他们认为这是税务会计师处理新客户的方式。这个新的比喻构建出一个新的方法,搭建了一个新的税务软件程序。

对于乔治·卢卡斯来说,他的计划始于脑海中的一系列影像。这些想象是复杂的宇宙飞船、奇怪的外星人、阿波罗火箭助推器、遥远的星系、登月、好人和坏人之间史诗般的战斗场面。这是一个不相干的意象的大杂烩。实际上,卢卡斯迷失在 B 级电影的创意里,比如《飞侠哥顿》《2001 太空漫游》,还有美国航天局。他知道自己想创作一部科幻电影,但不确定到底是什么样子的科幻电影。他不确定自己会用什么体裁与科幻小说相结合,勾勒电影的整体结构和情节。

卢卡斯尝试了不同的组合,试图找到不同流派之间的完美联系。他说:"我花了三年时间写剧本。我写了四个版本,编写了四个完全不同的情节,才找到一个我满意的。这真的很难,因为我不想让《星球大战》只是一部典型的科幻小说。"每一张草稿都在试图寻找一个能贯穿电影的、独特的图像组合,寻找一个有意义的比喻。

他的第一次尝试是把科幻小说和间谍故事结合起来。1974

年卢卡斯开始写《星球大战》的电影剧本,当他接受一位记者采访,提及下一部电影时,"我采用了科幻小说《飞侠哥顿》的框架;融合类似詹姆斯·邦德的人物、里面还有外太空和飞行的宇宙飞船。"但很快,在他试图扩展邦德这个比喻时,抛弃了这个想法。这两种题材不太好连接。

他试图把科幻小说和美国西部结合起来。但这太像电视剧《星际迷航》了,它的创造者吉恩·罗登贝瑞把它写成巴克·罗杰斯遇见大篷车。著名电视节目的开场提到的"太空里最后的边界",是这个比喻含蓄的对照。卢卡斯在寻找更独特的东西,更好的创意,寻找以前没有的组合。"我希望这是一部真正富有想象力的电影,"他说。

乔治·卢卡斯在寻找终极的联系。他知道,不管是有意识地还是潜意识地,两个组合隔得越远,对比越强烈,组合结果就越富有创造性和想象力。然而,似乎前人都已经做过了。第一稿,他设计了一个叫 Anakin Starkiller 的角色。虽然剧本中有神话元素,像绝地武士那样的古代武士,但和他最终想要连接到的《飞侠哥顿》这类电影,还缺乏完整的情节设计。"很难找到一个能令我心动、令大家心动的超级简单的故事框架。"

接下来的两年里,他一直在辛苦工作,每周工作 6 天,每天工作 12 小时。当被问到这个时候的创作时,他说,"是的,这段时间很可怕。很痛苦。残暴的……"几年后,他补充道:"你看星球大战时，觉得它非常简单，但它是最成功的创意：奋斗，奋斗，一直在奋斗！你终于到了目的地，你说，"为什么六个月前我没有想到？但它需要一个相当长的思维过程。"

正是在第三稿中，他终于找到了自己苦苦追寻的比喻联系：科幻小说和神话。是一幅画、一个组合一直在他脑海里浮现，说服了他。他把它描述为"使用激光的坏人与使用剑和石头的好人之间的战斗"。你看，神话一直都有，深深植入到他借来的材料里，但一直被其他的借鉴和组合所遮蔽，比如宇航员特务和太空牛仔。有一天他正在写一部神话风格的科幻小说，不是间谍电影，不是西方文化，这是一个古老的传说。在这一点上，星球大战，作为一个想法，诞生了。这两个想法融合在卢卡斯的大脑中，它们开始有意义的、有目地成长为一个整体。

神话与科幻小说是一种独特而有力的结合。这是一个对立的混合物，就像一块男性拼图和一块女性拼图连接在一起。对立的想法，就像人一样，往往有很强的吸引力。例如，地狱天使、摩托帮这样的名字，由两个相互冲突的词组成，对立，所以它们在一起很强大。这本书的标题也是同样的道理，结合不相关的词，形成一个独特的连接。这就是为什么在最后一章你要有意识地远离自身主题去旅行，去收集材料，建立你的想法。你在寻找想法，让它们相互融合，匹配，这样你就可以在这个步骤设想你的解决方案。如果你做好了这一步，就可以构想出一个对立的想法，两个想法距离遥远却又相互交织在一起，形成一个独特而鲜明的组合。对于达尔文来说，这意味着结合政治思想和地质学思想。对卢卡斯来说，没有什么比神话（关于过去的故事）更远离科幻（关于未来的故事）了。

花了两年半时间，但卢卡斯终于有了他的比喻：史诗、神话般的太空歌剧。现在他又回到他的剧本，用新的眼光，扩展了比喻。他写了一个新的开场，一个聪明的融合，是汉斯·克里斯蒂安·安徒生童话和一个遥远的恒星系统的科幻小说的融合。他写道："很久以前，在遥远的星系……"这是一个伟大的新开始。现在他需要拓展他的比喻来看看它是否能贯穿于整个剧本。

对于一个创意思想家来说，这是最初的联盟，它构思了创意。这是建立比喻的联系。像"孩子"一词的概念，这是两件事的简单组合。但是，如卢卡斯所说，找到正确的组合并不总是容易，有时是痛苦的。他花了多年的时间才找到科幻和神话的匹配。他面前的路是对的，但是浮现在他脑海中的所有借鉴都是模糊不清的。判断两个想法是否能融合在一起的唯一方式是将它们放在一起，看看会发生什么。

最终，它会回到你在第一章中定义的问题。这个问题指引你去遥远的地方收集材料。所以，如果你坚持这个过程，就有可能将材料整合在一起，因为问题是把它们捆绑在一起的黏合剂。这是一个可以形成拼图的问题。无论你从自己的领域里借用想法还是从远处借用，它们都更有可能合并在一起，因为它们与你的问题定义相关联。

当然，比喻不仅仅是有效的电影制作工具，也是有效的产品制作工具。例如，1978 年，像卢卡斯一样，井深大[①]正在努力寻找一个正确的组件组合，为他刚刚成立的公司提供新的创意。索尼是一家发展得中规中矩的日本企业，它采用了其他公司的产品创意，运用低廉的劳动力成本和高度纪律的制造流程，创造了便宜的"山寨"产品，如电视机、家用立体音响和晶体管收音机。井深大是索尼的董事长，他渴望变得有创造力，就像他学习模仿的美国公司那样。他最有前途的一个发明是一种名为"Pressman"的产品。这是一个小型录音机，记者可以进行现场作业并作为电子记事本使用。它还没有向公众发布，因为它有一些技术缺陷。

有一天，如传说一般，他走进原型实验室，看到 Pressman 上挂着一对大尺寸的家用立体声扬声器。实验室的工程师在攻克其他项目时，正在使用它来听音乐。井深大也想听一听。打开设备时，他的脸十分惊讶。他被这个小型设备的声音质量吓到了。工程师把它关了，井深大摇了摇头。"打开它，"他说。他被产品迷住了。他听了几分钟的时间，深深地思考了一下，

[①] 井深大，Masaru，索尼的创始人之一。

因为他的思绪在蔓延，深入地思考着，种下了一个和小录音机有关的新想法。最后他说："在这等我，"然后就离开了。

几分钟后，他气喘吁吁地回来了，原来他跑到楼上，拿着几个小时前在大楼游荡时看到的另一个设备。你看，另一个地方，另一层楼，另外一组工程师正在研究一个轻量级的耳机，用于全尺寸的家庭娱乐系统。井深大手中拿着小耳机。他将 Pressman 从家用立体声扬声器断开，并将其插入一对小而轻便的耳机。他低头戴上耳机，打开 Pressman。正如房间里每个人都看到的那样，他的头慢慢开始扬起来，他抬起头，脸上露出了微笑。工程师感到困惑，不过看到他们的董事长高兴，他们也一起高兴着，都礼貌地笑了起来，但他们却不了解他快乐的真正来源。只有井深大自己知道他刚刚发现了一个重要的联系，他刚刚发现了一个非常强大的东西。通过结合两件事情，他创造了一个全新的产品类别。

索尼随身听将被称为历史上最成功的电子产品之一。井深大驳斥了市场研究部门的想法，批准制造五万套部件。这让他的智库团队和股东们感到震惊，最成功的磁带录音机在产品的整个生命周期里总共才销售了三万台。每个人都十分怀疑，除了井深大。随后，第一批随身听在几天之内销售一空。零售商都来不及把它们摆到货架上。它们并不像磁带录像机或晶体管收音机，井深大解释说，这些都是"个人娱乐系统"。使用"家庭娱乐系统"比喻，他将高保真的世界与廉价的晶体管收音机相结合。这是一个容易让买家领悟的比喻。索尼后来卖了3 000万台随身听。它引起了一场轰动，索尼成为家喻户晓的名字，它改变了人们体验音乐的方式。数十年来，电子音乐市场看不到任何东西比它还要火。直到，史蒂夫·乔布斯会借用了井深大的想法，创造出 iPod。

我们只能想象，井深大第一次听到这个小型的 pressman 输出的高保真声音时，他的脑子里在想什么。毫无疑问，通过一次属性连接，他构思了随身听的创意。换句话说，他将小型录音机与小耳机连接起来，将它们融合在一起，创造出强大的组合，使用一个强大的比喻，让产品变得容易出售。你看，类似的事情结合在一起，形成有意义的概念，正如矛盾的事情一样，因为在前一章中我已经解释过，对立的事物也是互补的事物，和类似的事物一个道理。

扩展比喻

比喻的延伸，可以为创意提供整体框架。两件事情连在一起，并不意味着它们立刻能形成有效的整体结构。为了在税务软件中扩展好莱坞的比喻，我们可以借用三幕剧本，并使用它来构建用户的体验。这三幕分别是：一，建立冲突；二，冲突升级；三，解决冲突。所以，声明"每周美国国税局都会从你的薪水中获利。现在轮到你拿回自己的东西了！"以此开始你的程序，形成冲突，用户成为主角，国税局变成对手，横插在英雄人物与退款行动之间。冲突因为复杂的税法而升级。该软件就像用户的导师，教大家如何克服冲突，如何以最有效的方式获得退税。收入进项成为升级冲突的手段，因为它减少了退款。每个减免，都是解决冲突的一种手段，可以像电影中的场景一样操作。这个故事高潮是获得2 000美元的退款（或用户想要获得的任何金额）。事实证明，好莱坞电影是一个很好的比喻，让用户能充分体验税务软件。我知道这一点，因为是我领导了一支概念开发团队来为一家财富500强公司创造了这样的产品。

然而，你永远不知道比喻能否顺利搭建好结构，直到你实际完成扩展。拉科夫和约翰逊说："因此，当一个比喻可以满足目的，即理解这个概念的某个方面时，比喻就会起作用。"对于我们来说，我们正在为消费者创造一个可以理解的概念，我们的目的是解决一个确定的问题。如果这个新的比喻，一旦延伸，还能完成它的使命，那么我们就获得了一个成功的例子。如果没有，那么我们再去寻找一个不同的比喻。

选择一个新的比喻，而不是使用现有的比喻，是更激进的思考。这是创业净化过程中一次巨大变化或转变。有时，这是一个太大的转变，你必须确定使用消费者已经明白的比喻。这并不意味着你不能创新。你仍然可以改善目前的比喻。例如，你可以使用 TurboTax 面试结构，使用虚拟的税务账户比喻，但是要使比喻更加刻意化。你可以扩展它。由于 TurboTax 计划是基于会计师如何面试新客户，你可以根据会计师如何面谈退款客户端，为旧客户创建新的面试。无须通过一系列问题找出"她有什么"，你可以导入去年的盈利，然后问客户："今年有什么变化？"这将使旧用户的体验更轻松，更定制化。我知道这一点，因为我曾是 Intuit 的概念开发团队的一分子，所以我们把它称为"记住我"的采访。这只是在原来的会计师比喻上做了延伸。

沃尔特·迪士尼是熟练使用"比喻延伸"方法的大师。事实上，迪士尼乐园是一个使用电影比喻来构建内容的游乐园。为了延伸这个比喻，他借用了 20 年前创造的电影制作技术。我也借用过这种技术，用于创建软件程序，它几乎出现在每部电影、大多数电视节目以及视频游戏的创作中。它被称为"故事板"。沃尔特首先使用它来构思"三只小猪"的经典漫画。故事板是设计师用来预览创作的一系列图画。沃尔特一旦确定使用电影比喻，就会用故事板技术来创造公园的其他部分。他先让画家从客户的角度来绘制数千张照片，以便他在完成任何蓝图之前就能够看到这些体验。连停车场和主要入口都要使用故事板设计。沃尔特想看到一大家子人停好汽车，走向迪士尼乐园的入口，就像导演想要将电影开场可视化，以便感知场景的情感。沃尔特把这些建筑物当作布景，把景观当作道具，把员工当作演员。

沃尔特聘请的城市规划师在设计公园时，希望设立三个独立的入口。这将有助于更有效的行人流量。沃尔特不这样认为。他想要的恰恰相反。他故意想要在入口处有一个阻塞点，人们相互碰撞，因为他希望人们像走进好莱坞电影首映式，走在红毯上一样。然后，他让建筑师设计主街道，进入公园的长廊，借用美术家和布景师"强迫透视"技术来施工建造。这些建筑的一层按 3/4 的比例建造，第二层按 5/8 的比例，顶层按 1/2 的比例。让游客感觉比正常建筑大一点，就像电影明星在电影中感觉到的一样。当你走在迪士尼的大街上时，沃尔特在和你的大脑做游戏。他让你感觉像一位电影明星，以一种你甚至没意识到的方式实现了这种体验。这是一个强大比喻的完美延伸。沃尔特认为，公开比喻会破坏体验，使假象看起来是假的，暴露了幕后的工作人员。相反，他的比喻得到了微妙的延伸，且更加有效。

迪士尼乐园的游乐设施不是乘船和过山车，它们是丛林巡航，是滑雪大冒险。每个游乐设施本身都是一部电影，通过使用故事板精心制作。"丛林巡游"，是迪士尼乐园开幕当天最受欢迎的游乐设施,借鉴自奥斯卡获奖电影《非洲女王》,该剧由亨弗莱·鲍嘉和凯瑟琳·赫本主演。唯一的区别是它是真实的,现在它是一部你和你的家人主演的电影。设计师布置好之字步道,层层叠放,创造出一种电影般的幻觉。"明日世界"是在科幻作家雷·布拉德伯里的帮助下设计的。"太空山"是一艘穿过黑暗外太空的宇宙船,与巴克·罗杰斯或闪电戈登(Flash Gordon)的情节略有不同。

这些借鉴,以及它们与电影比喻的融合,充斥于整个迪士尼乐园。有些是显而易见的,就像丛林巡航,其他的则更微妙,像主街的强迫透视设计。但这个创意的有效性和力量却渗透公园的每一处。

我和女儿凯蒂已经去迪士尼乐园玩了288次(我们算过的),去年我们第一次去佛罗里达,然后去了迪士尼世界。我们很兴奋,因为我们知道佛罗里达州的迪士尼公园不同于加州公园,它更大,是个著名的度假胜地。不过,第一天我们都感到有点失望。佛罗里达州的公园虽然是前所未有的,但却缺乏加利福尼亚的魔法感觉。

这无疑是因为在奥兰多的项目动工之前,沃尔特就去世了,所以他没能负责最终的设计和施工。当我走进公园时,我的第一印象是感觉不对。沿着大街走了半路,我意识到是什么:佛罗里达州的建筑是全景视觉。建筑师没有使用沃尔特在加州使用的强迫透视的微妙观念。他们并没有理解沃尔特的比喻方式，完全错过了重要的设计特征。这是一个伟大的创新者和一个普通人之间的区别。伟大的人充分把握比喻，并且以最微妙和优雅的方式，将其延伸到创作中。

没有人比乔治·卢卡斯更了解这个。像迪士尼一样，他能够建立一个重要的比喻，然后在创作过程中将它们明显地和微妙地延伸出来。创意天才延伸了他的比喻，用了达·芬奇制作湿壁画的技巧，带着微妙的优雅。是这个延伸，创造了这个想法的结构。卢卡斯说："我不是一个好作家。对我而言非常非常困难，我不觉得我有天赋，它不是相机，我可以随时操作。"一旦他找到了神话这个比喻，写作过程变得容易得多，因为他会使用它来扩展出一个高度结构化的情节。他回忆起他在莫德斯托专科学校读到的一本神话。他借用了这本书的想法，重建他的电影情节。

约瑟夫·坎贝尔（Joseph Campbell）是一名名气不大的大学教授，1949年他写了一本书叫作《千面英雄》（*The Hero with a Thousand Faces*）。在这本书中，坎贝尔认为，所有的神话故事都有一个基本的结构，一个人类在深层心理层面上都涉及的结构。这个开创性的理论是人类学与心理学的结合。坎贝尔借用了德国人类学家阿道夫·巴斯蒂安（Adolf Bastian）的作品，后者指出世界各地的神话，无论是宗教、文化还是简单的村庄篝火故事，都含有相同的"基本想法"。然后，坎贝尔利用著名的瑞士精神科医师卡尔·荣格（Carl Jung）的作品来比喻，创造了一种思考神话的革命方式。荣格提出了心理"原型"的思想，认为在所有人类中都有一些基本的普遍的心灵配置，这是常见的，天生的。原型是集体无意识的组成部分，是人类思想和行为的共同结构。正如荣格所说，这种集体无意识的影响，影响了恋爱、婚姻、育儿以及关于死亡的仪式和信念。坎贝尔认识到巴斯蒂安的工作——"寻找神话故事的共同点"，和荣格的工作"寻找人类心灵的共同点"存在某种联系。坎贝尔开始思考关于荣格原型的神话。为什么不同语言的人，生活在不同的文化里，隔着遥远的时空距离，还都喜欢同样的故事类型？为什么澳大利亚内陆深处的土著老人说的篝火故事，类似于意大利主教在圣彼得大教堂重复诵读的《圣经》经文？坎贝尔试图回答这些问题。

在《千面英雄》里，他假设所有的神话有一个共同的基本结构，他称之为"单一神话（monomyth）"。众所周知的《英雄之旅》(*the Hero's Journey*)，也是由十多个不同的阶段组成，分为三个总体阶段，并包含了和数十个各个阶段的神话共同的元素。常见的元素包括导师、多重世界、预言、敌人的皮肤特点以及具备人类属性的动物。旅程的三个主要阶段是出发、发展和回归。坎贝尔很快就指出，并不是每一个神话都包含了英雄之旅的每一个元素或者每一个阶段，而是大部分都遵循三个总体阶段。这个结构可以在耶稣基督、普罗米修斯、佛陀、摩西的旅程中找到，在阿帕奇人的民间传说以及汉斯·安徒生的大多数童话故事都能找到。

乔治·卢卡斯重读了坎贝尔的书，意识到他的剧本有和英雄之旅相同的元素。卢卡斯写了关于导师、预言，还有具备人类属性的乌奇族战士。然而，他的剧本缺乏是一个连贯的情节。令人高兴的是，卢卡斯意识到，他所需要的情节包含在《千面英雄》里。坎贝尔为卢卡斯的电影故事提供了蓝图。所以卢卡斯继续工作，用"单一神话"作为手段，将他的神话比喻延伸到他的科幻史诗中。像迪士尼在建筑物上使用强迫透视，作为一种心理伎俩，让游客觉得自己身处电影中，卢卡斯将使用坎贝尔的"单一神话"作为一种心理手段，让电影观众觉得正在观看一个神话剧，即便身边飞过的是充满未来感的宇宙飞船和遥远的星系。这是他扩展比喻的方式，同时解决了他的"情节问题"。

当然，星球大战中的神话比喻，远远超出了情节设定和约瑟夫·坎贝尔的"单一神话"。乔治·卢卡斯也很好地融合了科幻和神话的形象。他使用现代化的太空服，但使用古老的披肩和长袍来装饰他们。他采取像武士剑这样的原始武器，但是把剑与激光束相结合，形成一种优雅的科幻武器，称之为"激光剑"。人物具有现代军事称号，如指挥官塔金上将，并与其他有古代神话称谓的人进行,像达斯·维德尊主。一些借鉴是微妙的,比如"单一神话",而其他的一些是明显的,像激光剑,但它们放在一起就形成一个高度合成的组合。

  比喻不仅仅可以用于电影或游乐园。正如你所看到的,井深大使用了一个小型高保真磁带机和一个小型的高保真的耳机组合,使用"家庭娱乐"比喻来创建了一个新的产品类别。他通过这个比喻,让随身听进入了"个人娱乐系统"的市场,顾客能够快速接受这个想法。革命性新产品,需要与革命性新电影相同的比喻思维。汽车原本是以"无马车"的形式出售。以这种方式进行营销,制造商确定人们能够理解它的使用和目的。事实上,像卡尔·奔驰和亨利·福特制作的原始汽车,看起来几乎与一辆马车相同,因为奔驰和福特只是将内部的发动机与这些美化的货车相结合。直至今天,每当有人吹嘘他新保时捷的"马力"时,你仍然可以看到这个比喻残留的身影。

  当你努力组建独特的组合来解决独特的问题时,就需要使用像卢卡斯和迪士尼这样的比喻技能。毕竟,他们创造的东西是你使用过的产品。MySpace 创始人之一的克里斯·德沃尔夫(Chris DeWolfe)认为,他的创意是创造了个人网站,他利用传统互联网来比喻新兴的社交网络。MySpace,顾名思义,是个人的互联网,而不是公司或组织的互联网。这是一个简单而精辟的比喻,能够展现出巨大的效果,当我的女儿第一次向我展示她的个人网站，我对自己说："为什么我在六个月前没有想到？"

所以，我们可以借用比喻大师乔治·卢卡斯的观点。他知道如何从现有的东西抓住新的事物，然后将这个概念作为新的创作的结构或框架。当它不再工作，不再适用于其目的，不再解决第一步中确定的问题时，他也非常聪明地放弃旧的比喻。比喻延伸过度，是创意新手所犯的常见错误。舍弃比喻是组合步骤的最后阶段。

舍弃比喻

手术中第一种也是最古老的手术之一是环锯手术。它通过在颅骨切口，试图打开颅骨并暴露大脑。古时候这样做，是因为相信这样可以从精神紊乱的病人身上释放邪恶的想法或精神。环锯手术是比喻过度延伸的戏剧性例子，它远远超出了解决目标问题的程度。古代外科医生把想法当作看不见的精神，并试图释放出病态的精神。这实际上并不是一个坏的比喻，与弗洛伊德和威廉·詹姆斯所使用的方法相似。然而，弗洛伊德和詹姆斯理解比喻的目的：它在另一个方面描述一件事，而不仅是字面意思。环锯是一个走向疯狂的比喻。宗教信仰是比喻走向疯狂的另一个例子，原来的意图慢慢消失，比喻的意义变成了直义。

正如我刚才所说，原来的汽车被认为是无马车。早期的汽车工程师在设计乘客位置时，用了和马车同样的方式，即让乘客坐在车辆的前方。这种设计导致汽车事故大多是致命的，比喻延伸得太远，超出了其作用的目的。一旦了解这一点，后来的设计就把乘客放在更安全的位置——发动机后面，而不是在它的顶部。

这里的教训是：不要将工具和功能混淆。你的目标不是构建比喻，你的目标是构建有意义和有用的组合来解决已识别的问题。比喻只是一个帮助你执行此操作的工具。不要忘记你想要解决的问题，不要忘记你的新解决方案会产生新的问题。如果你想用精神上的比喻来解决一个心理问题，而你的解决方案会杀死你的病人，你就得放弃它。如果你正在用马车比喻来解决汽车问题，并且你的解决方案会杀死你的客户，你也要放弃它。记住弗洛伊德所说的话："我们一直在不断地改变这些类比，因为它们都不会陪伴我们足够长的时间。"要掌握比喻，你必须意识到它们什么时候停止工作。这就是为什么在这本书的下半部分，我放弃了建筑物的比喻，而使用了进化的比喻。

建设世界一流的游乐园不仅仅是解决心理体验的问题。它需要深入了解工程学、建筑学、大众交通、建筑施工、园林美化和食品分销。当沃尔特成功地扩大了他的电影比喻时，他也没有被冲昏头脑。除了借鉴电影外，他还借鉴了博物馆、公园和城市规划者。他的夜间烟花表演和对保洁工作的重视不是从电影中借来的，而是从丹麦的蒂沃利花园借来的。马特洪峰过山车的灵感不是来自电影，而是来自他与妻子和女儿一起去的瑞士策马特镇自助旅行。环绕公园的蒸汽机是直接从堪萨斯城的电动公园搬来的，他在那里度过了孩童时期。数以千计的其他东西结合在一起，使迪士尼乐园成为一个真正的游戏公园，而不仅仅是把一个你和你家人主演的电影当作游乐园的主要比喻。如果他能够延伸比喻，他会这么做；如果他不能，他就不会强求。迪士尼乐园终归不是"字面上"的电影，它只是"像"一部电影，它的创造者非常清楚这一点。

同样，乔治·卢卡斯也扩展了他的神话比喻，但并没有专门用来构建他的科幻电影。他的借鉴远不止神话。达斯·维德（Darth Vader）当然是由神话元素和科幻小说组成的，毕竟他是半人半机器的存在。但他也是其他事情的结合。他的声音是通过标准的潜水调节器合成的。他的头盔来自希特勒SS部队戴的纳粹头盔。事实上，第三帝国的影子遍布整个电影。"暴风骑兵"一词就是用来形容帝国士兵。而电影的最后一幕与纳粹纪录片《德意志的胜利》的最后一幕非常相似，这是德国电影制作人莱妮·里芬斯塔尔制作的，记录了希特勒在纽伦堡成功登上舞台的故事。

为了正确地调整电影，卢卡斯借用了他喜欢的《冒险之城》和20世纪三四十年代的系列电影中所用的悬挂吊架技术。他将

03 第三步：结合

剧本的每一幕都构思成受欢迎的系列作品，将卢克置于危险的场景中，从而在整个电影中创造出极大的观众期待。这与科幻小说或神话无关，但这是电影制作和讲故事的关键要素，不管何种类型，不管哪种比喻。这也是电影成功的关键原因。当卢卡斯认为自己是一个可怜的作家的同时，他也认为自己是一个成熟的编辑。这在电影中是显而易见的，也许这是他对电影领域最大的贡献。

大多数创作是不同事物的复杂组合。问题本身不是孤立的，它是复杂的，是相互关联的问题的层次结构的一部分。为了解决这个复杂的层次结构，它不仅仅是一个简单的比喻，而是要利用各种因素的复杂组合。然而，如果使用正确的话，比喻将帮助你形成一个总体结构，即乔治·卢卡斯（George Lucas）所说的"框架"来解决你的问题。马克·扎克伯格（Mark Zuckerberg）延伸了"大学年鉴"这个比喻，用来构建 Facebook 的新互联网网站。没有比喻，你的解决方案往往是随意的，不够讲究。比喻有助于将所有的组合结合在一起，就像迪士尼将自己的工作和电影比喻联系在一起，而卢卡斯把他的工作和神话比喻联系起来。

一旦你有了比喻，你的工作才算完成。比喻形成了解决方案的整体形式，但是为了让想法生存下来，它需要成长，它需要孵化并演变成更大的复杂性和自给自足。比喻只是为你提供了框架或结构，还不是一个完整的解决方案。后面需要更多的工作。

据莱科夫和约翰逊说，"你无法选择是不是要带着比喻去思考。因为比喻的地图是我们大脑的一部分，所以我们会以比喻的方式来思考或说话，不管我们是否愿意。"换句话说，大部分是在潜意识的影响下完成的。但是，自从比喻构成了你的想法，一旦你意识到这一点，你可以通过故意改变你所使用的比喻来重构你的想法。我的朋友们，这就是创新思维的定义。

我开始考虑结合艺术形式，这是一种将创意思维与未激活的思维分开的技巧。我意识到比喻思维是创新者的主要工具。关键在于如何捕捉这些组合。我也意识到比喻无处不在。我注意到它们就在我身边，就像在软件程序中我使用一个钥匙来解锁它。互联网，已经不是字面上的蜘蛛网，可就是有人这么想。我开始使用比喻来创造自己的想法。有时候它们能发挥很好的作用，有时它们完全不合适，或者我把它们延伸得太远了。就像练习任何事情，熟能生巧。

长途跋涉的第三步

在 TurboTax 公司，汤姆允许我使用他旁边的办公室。有一天，他停下来看看我在做什么。墙上挂着信件、订单、小册子和信封。在书桌上，洗发水样品、CD、DVD，以及我从朋友那里借来的数十种其他东西。他看了看这些东西，摇着头走出去，嘴里咕哝着疯狂的科学家。

我正在摆弄这些组件。利用出版商结算机构的信封、哥伦比亚音乐公司的订单和国税局的审核信函，我组合出一个新想法。作用似乎不大，于是我打算重新安排它，先添加一本从"美国在线"借来的小册子，然后更改了订单表单，把它做成申请表。它仍然不起作用。几个星期过去了。我觉得我还没有获得一个真正的创意。有些组合很独特，但用处不大。其他有用的组合，却和现在的解决方案十分相像，所以我还没有突破性的想法。我正在寻找一个比喻，一些总体的组合，我可以用来创建突破性直销计划的框架。我觉得它已经包含在我借来的所有东西中，但是像乔治·卢卡斯一样，我还不清楚这一切有多明显。和卢卡斯不一样的是，我没有三年的时间来考虑这些。

我不很擅长简单的数学，需要一段时间才能意识到，字母、订单和包装的组合有数百万种可能。这些想法让我很头痛。我知道我不能让他们全部派上用途，所以我先做好下一件事情吧。我决定早点起床去海滩。

晴天、夏天和圣迭戈。多么完美的结合。

创意的进化

BORROWING BRILLIANCE

04

第四步：孵化
搁置一晚沉淀思绪，解决方案自会浮上心头

回到 5 年前，此时的我正在洗澡。当时我住在加利福尼亚州的卡普里，就在太浩湖边的西瓦山上。我还是 Preferred Capital 的总裁。我打开水，等待它变热。站在热水下放松，感觉很好。我迷失在自己的思绪中，或者是完全放空了自己，只是让水流过我的身体，冲洗我的思绪。我的大脑是空的。

然后，"梆"的一声，我被击中了。我的脑海里冒出一个念头，就像一颗子弹穿过太阳穴。我没有想过这个东西，因为我根本没有想到过。虽然它扰乱了我的平静，但这颗子弹很快不再有强烈的入侵感，而是变成有趣的东西。这可能会让我感到安心，但也给了我一个新的经营理念。

很简单：它就是零余额账单。换句话说，

每个月我会为 Preferred Capital 的客户发送月度报表，这些客户在我的公司有"开放"的信用额度，但没有使用过。当有人出钱时，我把这个额度卖给银行或通用电气资本，我就能从中赚钱。我有成千上万的客户拥有"开放"额度，多年来我一直在努力将其转化为付费客户。我尝试过电话、跟进信、明信片、电子邮件和传真，但这些东西让客户感到烦恼，也让我们看起来很绝望。而且这种做法的效果往往事倍功半。例如，我会从第一封后续信中得到一个小小的反应，然后从第二封信中得到较少的反应，从第三封信中几乎得不到什么。这与大多数直邮计划中的收益递减规则是一致的。如果你给一份名单发邮件，获得2%的回复率，那么很好，但是再次发邮件，你将获得1%的回复，第三次获得0.5%的回复，等等。我所有的关于转换这份名单价值的想法，不过是让这些客户生气地离开。

但零余额账单是不同的。我第一次发邮件，我得到1%的回复率。下次我能得到2%的回应。到今年年底，名单里有25%的人打电话到我公司，这完全违反了收益递减的规律。发送的次数越多，效果越好。当然，一旦你想到这一点，就会知道这并不会让人感到惊讶；因为它完成了我想要的事情，每个月都会以一种不引人注目的方式提醒客户他们拥有"开放"额度。人们喜欢不需要支付的账单，而且它看起来不像垃圾邮件。零余额账单是 Preferred Capital 商业模式的最终组成部分，它让我的公司规模在第二年翻番,并将数百万美元的钞票收入囊中。

5年后,当我走在圣迭戈的海滩上,想到了这个故事,也想到了大量的组合,因为我需要解决 TurboTax 的直销问题。先问自己一个重要的问题:为什么当我停止思考时,我的突破性想法来到我身边?真糟糕,因为这不是我预先规定的。商业上或在任何领域都很难依赖于看似短暂的东西。业务人员需要解决问题的方法,我们即刻就需要它们,为了参与全球竞争。那么怎么才能让突破性想法按照我的预料出现?问题在于:如何获得淋浴体验,获得茅塞顿开的那一刻,让那个完美的想法突然出现在那里?作为多年的营销学生,我认为答案可能与我的潜意识有关。

我去巴诺书店,买了十几本处理潜意识思想的心理学书籍。关于这个领域的主要历史人物的书籍,例如西格蒙德·弗洛伊德、卡尔·荣格和维克多·弗兰克尔(Viktor Frankl)。我还深入研究了现代心理学家的著作,比如芝加哥大学的米哈伊·契克森米哈赖(Mihaly Csikszentmihalyi)。

通过阅读这些书籍我认识了荣格,这位弗洛伊德曾经的朋友、后来的对手,他把潜意识当作一种影子,另一种远离意识的分离人格。我觉得太酷了。我也从生物学的角度研究心灵,我读了哈佛大学的史蒂芬·平克(Steven Pinker)和北威尔士的认知科学家唐·诺曼(Don Norman)的书。我不知道我的想法有没有映射出我的主观意识。研究这些事情使我意识到孵化是创作过程的关键部分。这是你重建淋浴体验的方式。在这个过程中，你会把潜意识当作创作过程的合作伙伴。这是一个关于成为潜意识的思想家的方法。

重复的思想

《心智探奇》(How the Mind Works)一书的作者史蒂芬·平克说，人脑与其他大脑之间的根本区别在于大脑皮层。它在动物界是独一无二的。他说，你的大脑实际上是三个不同的大脑，一个比一个原始。第一个大脑是爬行动物的大脑，或者叫脑干，它控制和维持生命支持功能，如呼吸，心率和血压。第二个大脑是哺乳动物的大脑。它在脑干周围，包括边缘系统，他认为这块负责情绪体验，是"战或逃反应（fight-or-flight instincts)"的来源。第三个大脑才是人类的大脑，这一部分叫作大脑皮层。它在脑干和边缘系统的周围，是思维、推理和意识的源泉。你的想法是由这个大脑完成的。

皮层由大约一千亿个神经元组成。每个神经元是一个高度演化的神经细胞，它通过突触连接精细布线系统，与其他神经元通信。这些连接发送电化学信号，神经元与其他神经元可以进行通信。这种通信的体验形式就是形成思想。所以决定你的智慧和想法的，不是脑细胞的数量，而是它们连线的方式。进化生物学家理查德·道金斯（Richard Dawkins）说，每个神经元与成千上万的其他神经元相连，使得人类的大脑成为宇宙中最复杂的物质。

平克解释说，刚出生时大脑皮质大多是没有连线的，每个脑细胞与其他脑细胞无关。同时，脑干和边缘系统大多是预先接线的，并为你提供你的直觉，预先程序化的感觉和想法。随着生命的开始，皮层开始接线。例如，我的女儿凯蒂还是婴儿时，会在我跟她说话时认真地听，回应方式是叫我爸爸。正如她的行为，她正在建立一个互相联网的网络，形成了对我的看法。后来当我教她字母表时，她做了同样的事情，创建另一个精细的网络系统来帮助她入门。每次她诵读它们，伴随着电子和化学能量的爆发，她使用了早先创建的相同途径。今天她可以不费吹灰之力背诵字母表，因为这个网络永远地烙印在她的脑海里。这使她成为一台复制机器，她将想法复制到她的大脑中，作为连接的神经细胞存储，后来使用一条通路来思考和回忆。像任何路径一样，每次使用都会变得越来越通畅。

创意专家爱德华·德·波诺（Edward de Bono）在他的《思考的奥秘》（*The Mechanism of Mind*）中用比喻描述了人们的思考活动，他把大脑比做一碗果冻。起初，果冻放在此处，表面光滑。但是当信息进入时，就像果冻上浇温水一样。水在果冻中形成轻微的凹槽，然后流失。当类似的信息进入时，它遵循了之前凹槽的路径。过了一会儿，沟槽变得明显，水几乎不可能从上面流失。这些凹槽就是突触的连接，它们倾向于产生重复的思想，因为它们一遍又一遍地使用相同的途径。你越是重复思想、创意，这个凹槽就会变得越深，最终挖出一个思想的峡谷，让你无法跳出来思考。

你看，思想因为重复而连接起来。你每天有三万多个想法。这是三万次的电子化学能量，流入你内心的各种网络。它们中有多少是独一无二的？肯定不是三万。如果你停下来，记录你的日常想法，你会意识到你有几十个同样的想法一遍又一遍地出现。例如，乔治·卢卡斯对《星球大战》的剧本感到沮丧，因为他很难跳出凹槽去思考，这些凹槽是他曾经创作草稿时挖掘出来的。一旦他以某种方式去思考这部电影，他会一直用这种方式去思考，尽管他知道这样做是错误的。他说："你的心灵被锁在一些东西上，很难脱颖而出得到新的想法，新的观点。"

当你逐步完成创意过程时，你会定义问题，借用材料解决问题，然后开始运用比喻技能进行组合。目前为止，一切都还不错。但是马上，你会像卢卡斯那样陷入困境。你会想到一个有趣的组合，它会被烙印到你的头脑中。你遵循这种组合建立它，一旦意识到它不起作用，你需要一个新的创意。然而，现在的想法在你的头脑中形成了一个深刻的凹槽，即使你知道这不是你想要的创意，你会继续陷入其中。这是陷阱，最终圈住了每个思想家。

这就是为什么有时候根本想不到那些有效的创意。这就是为什么你需要放弃一个想法。去睡一觉，就像他们说的那样。在这一问题上进行更多的思考不会有助于你，只会伤害你。你只是在不断加深思维的凹槽。所以，让想法自己孵化。要做两件事情：第一，它让你脱离了思维黑洞。让大脑表面光滑，所以你可以开始新鲜的思考，避免被不明智的想法束缚。第二，它允许你的潜意识接管思考工作，帮助你完成组合，努力解决你的问题。卢卡斯说：“花钱让别人为你注入新鲜的热情，给人耳目一新的感觉。”对你来说，那个"别人"是你的潜意识。

影子本身

根据米哈伊·契克森米哈赖的说法，潜意识的思维方式与意识不同。潜意识通过同时对不同事项进行多种组合来分类事物。在《创造力》（*Creativity*）一书中，契克森米哈赖将潜意识与并行处理计算机进行比较，计算机的不同部分可以同时进行多个操作，然后重新构建最终解决方案。这样的计算时间更快，更高效，更有效率的思考方式也应当如此。另一方面，意识只能一次处理一个想法。这就是为什么在一定程度上，潜意识在创造性思维方面做得更好。它可以为想法构建进行数以千计的组合。这也是为什么斯蒂芬·金说他的想法似乎是"从天而降"的。为什么我的想法会在我洗澡时出现？为什么创作过程难以形容、学习和教授？在古代，新的想法被认为是神的恩赐；毫无疑问，那是从他们的影子心灵里弹出的方法。

弗洛伊德认为，意识——"思想意识"——只是精神生活的一小部分，心灵内部发生了广泛的对话，这里不会存在意识之光。一个人思考的时候，数以百计甚至数以千计的想法、思想和概念，在任何一个时间被无意识的构建。这与契克森米哈赖的并行处理器相似，只不过弗洛伊德使用了不同的比喻来描述潜意识，因为他的那个时代没有电脑。

弗洛伊德将潜意识想象成一个大型宴会厅，思想就是客人，意识就像旁边的小客厅。宴会厅可以容纳数千名客人，而客厅一次只能容纳几位客人。宴会厅的门口有一位看门人。他的工作是允许客人进出客厅。一旦进入这个房间，这些客人，即想法，就会被这个人知道。但是，当这些客人各自待在宴会厅时，他们自己就可以自由地互相交流。在那里，他们远离意识之光。这个看门人并不认识他们，也不知道他们在做什么。

在客厅里，客人会采取一定的行动。这里有一个行为准则，让意识变得合乎逻辑、连贯，并且和主人的信仰一致。看门人拒绝那些不遵守准则的想法，例如奇怪的性幻想，会把他们送回宴会厅，或将其完全抛开，直到被遗忘。此外，看门人不再理会无关的想法，比如新的想法，因为它们和目前客厅里的其他客人合不来。据弗洛伊德说，这就是为什么你的大部分想法是相互关联，彼此联系的。一致性是进入客厅的要求。

在宴会厅里，行为守则比较放松。灯光黯淡，这里是派对模式。思想可以愤怒，可以喝醉，彼此互动，不受理性、逻辑或严格信仰体系的限制。思想变得社会化，混成一团，无礼，在这个过程中创造新的想法。就像罗马狂欢。两个现有的想法相遇，结合，形成一个新的想法，只是为了闹着玩。这里的一切没有道理。信仰是客厅里发出来的光。而这里的客人越多越好玩。这就是为什么潜意识如此擅长创意思维。通过试错，可以在表面之下形成成千上万的组合，然而生活展现在上面，意识是沿着一条直线前行。当然，这就是为什么大多数人对潜意识不舒服的原因。他们不能处理其混乱的性质，并且害怕它们喷涌而出。所以他们把一个严格的看门人放在门口。

不幸的是，这也扼杀了创造精神。一个古板的看门人切断了灵感的主要来源。你无法接近宴会厅创造出新的组合，所以派对在没有你的情况下白热化，或者悲伤地慢慢地冷下来；客人离开，被遗忘，不再互动，他们知道自己永远不会被召回到光明世界，所以有什么意义？你的心灵变得越来越暗，想法不再要求进来，客厅也变暗了，只留下一些一致的古旧思想，一遍遍重复着。

当然,你不能让这种情况发生,如果你想过一个创造性的生活。你必须鼓励派对,让它躁动起来,让看门人放松,所以你可以在宴会厅内窥视一下,并用想法的孩子们解决你的问题。这是在与你的影子建立工作关系,滋养它,教导它,与之沟通。你的潜意识应该扮演朋友的角色,而不是敌人,因为没有它,你只能获得无聊的、重复的、看重逻辑的意识想法。

潜意识思维的三个阶段

创新者将潜意识当作创作过程的合作伙伴。那位心不在焉的教授,沉浸在深深的思考中,这才是一个与心灵影子接触的人。1954年秋天,一名年轻的女学生正走在普林斯顿大学校园,准备去上课。在她面前,和她同一个方向走着的,是一个头发花白的男子,背影佝偻,深深地思索着什么。突然,他停了下来,昂起头,身体变得僵直,好像身后中了一枪的样子。他站在那里,又低下头,在人行道的中间一动不动。当学生过来时,老人抬起头说:"我可以问你一个问题吗?"这位年轻女孩惊讶地认出了他,礼貌地回答说:"可以,教授。"他问,"你能告诉我,在我停下来专心思考之前,我是要往哪个方向走?"有趣的是,她指了指自己走的方向。"哦,好。我应该是从食堂过来，要回到我的办公室。"你看，爱因斯坦与他的潜意识是如此接近，它逐渐占据了他的显意识，消除任何无意义的想法或无关紧要的信息，比如他刚刚吃过午饭了吗？如果爱因斯坦没有和自己的潜意识建立深刻关系，他永远不会捕捉到自己的想法。

当然，你和我永远都不会和幽暗的内心深处达成这种深刻的联系。即使我们可以，我们会愿意这么做吗？然而，作为一个创造性的思想家，我意识到使用我的潜意识是有利于自身的，而且，如果我没有能力去接近潜意识，就会变成一个囚徒，禁锢在固有思想的深深峡谷里，一遍又一遍地思考相同的东西。这是我不愿意接受的判决，所以我花了很多时间与潜意识建立良好的个人关系。正是这种关系让我逃避了重复思想的监狱。对爱因斯坦和牛顿这样的思想家来说，这种能力是自然而然的。我相信乔治·卢卡斯也有这样的先天能力，能深入直达思想内部。你和我则需要强化练习。

潜意识思维，即发展影子关系，有三个步骤：第一步是投入，为潜意识提供需要的材料，并提出一系列问题。它正在与自己交谈。第二个是孵化，让潜意识在没有意识的干预下，在表面之下做自己的事情。它根本没去想这个东西。第三是产出，意识到新生想法。这是在倾听自己的内心。是在创造正确的倾听环境。是故意编排一出本就难以捉摸的"茅塞顿开"时刻。

它会直达人心，进入宴会厅，邀请一个有希望的新组合进入意识的光芒之中。

你已经在做这三件事了。现在你只是带着目的和意义去做。你会刻意和"影子自我"打交道。虽然我把这三步分开了，但在现实中，它们是接连发生的。

第一步——输入

当然，你会和自己说话。我们都在和自己持续地对话，这一切发生在思想的边界。我们不是大声地说话，那是疯子才会做的。对于你来说，这可能是一个建设性的对话，你可以在这些对话中提出问题，答案就奇迹般地出现了。有趣的见解可能以你自己的声音的形式来到你身边。其他时候，它可能只是一个内在的叙述，像一个第三方评论你的生活，它已经在你面前，说"那夕阳是不是很美？"或"这个家伙太无聊了"或"这个星巴克的员工太慢了，我要迟到了。"对于其他人来说，叙述者是一个折磨者："我变得胖了""如果我不争气的话，我会失去工作"，或者可能是这样的："我始终没明白这个作者想告诉我什么。"这些声音似乎是自然而然的，像河流流过，你都没有对它们进行特别的控制。"那就是我的想法。我无法控制我的想法。"

控制想法并不像一开始出现的那么难。你不是想控制想法本身。你也不是想控制对话。相反,你在控制对话的主题。在创作过程中,这意味着控制输入,控制进入宴会厅的客人。这些客人是你在"借用创意"前三个步骤中定义好的。在意识的客厅里,你把定义好的问题、收集的借用材料,以及你想介绍给宴会厅里的潜意识的比喻结构都放进来。换句话说,你可以用问题、借来的想法和有希望的组合,来培养你的影子自我。

实质上,你是通过自觉的喂养这些东西,来教你潜意识进行创作。你在向它展示如何生成创意,就像你教它做其他事情一样。虽然你可能没有意识到自己的影子,但它却知道你。它在倾听,观察,甚至为你做事情。如果你今天上午开车上班,是你的潜意识完成了大部分的驾驶行为,而不是你的意识。你会注意到你面前的车,和行驶路线,但是油门踏板、制动器和方向盘都是由你的影子自我控制的。通过重复,你的潜意识学会了如何将适量的压力应用于油门踏板、制动器所需的精确力量,以及如何旋转方向盘转弯,然后让其回到直行。首先,你有意识地学到了这些东西。我知道,因为我正在教我的女儿凯蒂如何驾驶,她仍然不习惯方向盘自动复位,她试图将自己转回来,因此使汽车过度转向。昨天她撞到了路沿。她需要时间让她潜意识学习如何做这些事情。生活中的许多事情都是这样的,由潜意识控制,此时意识正在做别的事情。

在运动学中，这个叫作"肌肉记忆"。勒布朗·詹姆斯花了数百个小时练习不同的投篮：勾手投篮、上篮、扣篮和跳投。他一遍又一遍地重复这些动作，注意身体位置、脚步以及他每次投篮时如何处理球和放开球的细微差别。然而，在比赛中，他的重点是施展这些技能，而不是身体位置或如何抛球。那些东西，要想有效，必须自然地使出来，从自己的潜意识中而来，从多年重复所创造的肌肉记忆中传出。创新者也是如此；你需要不断地，有意识地重复前三个步骤，让影子自我做好准备诞生一个新的想法。熟练地产生创意这不重要，你仍然在有意识地思考自己的问题、借来的想法、创意的组合，就像勒布朗·詹姆斯每天都在练习一样，尽管他已经在比赛中令人难以望其项背。

请重复：1）我想解决什么问题？ 2）我可以借用哪些解决方案？ 3）如何组合来解决它？把问题写出来。描述借来的想法，并开始制作比喻组合。然后定期检查你写的内容。大声地说出来。在早上阅读一遍，睡前阅读一遍。你只是在用勒布朗·詹姆斯练习跳投、用凯蒂练习开车的方法在训练你的潜意识。通过重复，创造心灵的肌肉记忆。这是一个练习，这是一个创造新想法的游戏。在商业中，这意味着我用笔记本记录问题、记录借来的材料、记录有希望的比喻，不断回顾它，直到我把这些东西深深地推到我的脑海里，让我的潜意识倾听到这些声音，而这些想法就是进入潜意识宴会厅的客人。在大脑播下种子,让它们长大,隐藏在意识的光芒下,这光芒往往会杀死一颗想法的幼苗。

当然,随着时间的推移,这种重复将会凿出意识思维的深谷,你会被困在这个思维黑洞里。因此,你必须把想法放开。你需要让它们单独相处,把大脑的表面擦干净,就像冰球比赛暂停期间,赞博尼磨冰机在平滑冰面一样。潜伏期很短,哪怕在思维中简单地暂停两秒。或者,你可以睡一会儿,甚至放弃这个多年的问题。这取决于你的处境,取决于你和你的商业伙伴们之前凿出来的思维峡谷的深度。

你看,创新者需要很好的记忆和高度自律的头脑来理解复杂的主题,用借来的材料构建创意。与此同时,创新者需要一个无节制和分散的思想,忽视或无视这些被察觉到的复杂事物。一种又记住又忘却的能力,当然这是矛盾的本质,背道而驰的概念。这就是思想家需要孵化的原因。停止继续思考。

第二步——孵化

到目前为止,你对创意思想的起源有了更深入的理解和认识;也就是说,一个创造性的想法是由其他借来的思想组合而成的,它们联合起来构成了明确问题的解决方案。简单吧?是,又不是。概念很简单，但在实践中却相当困难。弄清楚要组合什么，如何做到这一点就足够让人抓狂。四个独立变量组合成数百万个排列。当你获得数以百万计的想法，可以与数百万的其他想法结合，可能的排列数量是无法理解的。你不能有意识地完成，不能用意识思维进行线性思考。你必须使用弗洛伊德的宴会厅、契克森米哈赖的并行处理电脑、荣格的影子自我，或者斯蒂芬·金的从天而降。

意识和潜意识不是彼此独立的。正如我所指出的，潜意识会观察意识，并从中学习。在接下来的一个阶段，我会转过来教你如何有意识地观察潜意识，邀请你的客人进入意识之光。然而在这个阶段，你需要打破这种关系，切断两种意识之间的联系。孵化阶段不需要和意识互动。请记住，你正在尝试跳出深沟、黑洞去思考，跳出正在研究的主题，跳出已经想出来的新创意。用意识参与想法的孵化，只会将思维黑洞扩大到潜意识中。

只需暂停思考过程，把思考的内容放入影子思维里，等待响应，你可以在几秒钟内孵化一个想法。它可以是一种轻快的步伐，思考者会故意地清空思想来让自己兴奋。或者也可以把想法放在一边，"睡在它上面"。睡眠有时是一个很棒的满血复活过程，它能平复沟壑，开始新的一天，带着更清晰的前景，没有思考的黑洞。我们还可以把想法晾几天，几个月甚至几年，让影子自我完全重新思考，从而产生一个全新的构想。

意识思维可能是一种疾病。尝试停止思考。这几乎是不可能的。一个想法可以引导下一个想法，或流入下一个想法，然后再下一个，等等。这种恒定的线性轰炸，如果不衰减，就会变成一种精神常态，在心灵深处挖出深深的凹槽，让人重复思考。作为一个创新者，你需要减少这种思考。控制它。你需要在思维节奏中添加一次暂停。这个"创意暂停"是一个短小的潜伏期。这是一个短暂的时刻，一两秒钟，你停止意识思想，清空头脑，将你的想法转移到你的潜意识中，并听取回应。

爱德华·德·波诺在《严肃创意》(*Serious Creativity*)一书中，把"创造性的暂停"称为思维过程的一个缺口。他说，思维通过重复，形成可以反复使用的模式、想法和评估，可以使生活变得更简单。暂停可以让一个人摆脱现在的思维模式，形成一个新的思维模式，从而开始构建更多的创造性思想。如果这股意识流被阻止，德·波诺说，它会创建一个新的流（flow），找到另一段路。创意暂停是试图阻止你的智力思维流，让你的想法流向不同的方向。

阿图尔·施纳贝尔（Artur Schnabel），这位伟大的钢琴演奏家，在问及什么让他与其他演奏家有所不同的时候说："我对音符的处理并不比许多钢琴家好。但音符之间的暂停，才是艺术所在！"思考，如同弹钢琴，也是一种艺术形式。它需要在音符之间暂停；没有暂停，音乐会变成没有生气、不合逻辑的噪音，不管这首歌曲如何被谱写和演奏。当一个想法进入下一个想法时，如果它没有时间反思，没有时间偏离，没有时间留给潜意识评论，那只不过是一段唠叨而已。

使用这个工具，暂停将变成正常思维过程的一部分，成为一种习惯而不是规定的练习。正如你所想，让暂停成为日常生活的一部分。停顿多久？这得分时候。有时是一两秒，有时要持续几分钟。大多数将是短暂的暂停，很难识别出来。当我和朋友和商业伙伴讨论想法时，我会使用这个工具。我会说几句，然后暂停。然后继续说。有时一个新的想法会进入我的脑海，我会分神。虽然我的停顿会让朋友和商业伙伴感到沮丧，但它们往往是值得的，并引发新的思考。朋友叫我"断片之王（the King of Tangents）"，我知道这很烦人，但这是我思考的重要环节。

艾萨克·牛顿就喜欢停在一句话的中间，陷入了深刻的恍惚中，有时候断片几个小时，而朋友、同事和仆人却困惑地认为他疯了。他正在揭开宇宙的格局，所以他需要特别长的停顿来重组他的想法，把东西分开，创造出没有人曾经想过的新组合。他是三一学院校园里最不受欢迎的教授，因为他经常在演讲中间停顿，这种创意的休息有时候会长达几分钟，而他的学生则坐在台下等他回神。当然，我并不主张这种长时间的停顿。

在公共场合，你可以停顿几秒钟，这就足够满足你的需求了。你又不是在揭秘宇宙模式。

但是，你可以在个人时间里延长这些暂停，你可以在这时进行一些更深入的思考。一开始，你可能会发现很难安静地思考。一些佛教僧人可以全心全意地投入到意识的脑海中，使用几个世纪发展起来的技术，摆脱分心。但是，你可以学会减慢思维，暂停一下。这很有用。你需要在中间步骤中采取"安静的心态"。一口气爬上1 500米的悬崖，事先不练习攀爬数十个较小的悬崖，锻炼自己的技能，单纯地相信设备，对自己暴露在荒野里还感觉很舒服，只有傻瓜才这么做。

今年我在优胜美地山谷（Yosemite Valley）的半穹顶（Half Dome）的南面，爬上了一条名为Snake Dike的路线，这条路线被认为是世界上经典的攀岩路线之一。虽然在技术上并不困难，但却缺乏保护，你需要爬上裸露的石梯，脚踩着指甲大小的突起，脚下一千余米空无一物。有时你必须贴附在岩石上——连指甲都立不住——然后移动到更安全的地方。由于我天生害怕高处，几年前光是想一想都会使我胃痛。但是我采取了一些中间步骤，实现了这个计划。我先是参加了约书亚树国家公园的攀岩课程。在那里，我学会了贴附在岩石上，用手抓住裂缝，然后转移重心，利用杠杆原理推动自己(不是用手臂拉住自己)。一开始我在小岩石上练习短短15米的攀岩。接下来我转到"多段（multipitch）"路线，爬了100多米。去年秋天，我还去了新罕布什尔州的北康威，爬上了白马岭，在路线的顶部有240米是完全无保护的。这些中间步骤，让我从身体上、技术上和情感上都准备好去挑战攀登1 500米的半穹顶的艰巨任务。

对我而言，停止意识的思考，就像一个缺乏任何攀岩经验的人试图爬上半穹顶。这不是不可能，但是太难了。我已经患了重复思考的病。所以我已经开发了一个简单的工具来治病。我学会了离开我的想法主题，刻意地暂停，停止一切思考。这很容易做到。

当我走在海滩或徒步旅行在树林里，我会这样做：散步之前，我先选择三个不同的主题来思考。例如，我可以选择：1）业务问题；2）我的新女朋友；3）我正在写的书中的一章。主题相互之间没有关系，这样效果最好。然后，当我徒步旅行时，我故意选择一个想法，我对自己说："好吧，让我们来想想黛博拉。"我确实这样做了。几分钟后，我会停下脚步，对自己说："好吧，现在让我们考虑一下商业问题。"我也这样做了。然后几分钟后，"好吧，让我们来看看这本书。"

就像一遍遍地攀岩，我正在教自己如何控制思维过程。正如我刚才所说，我不是控制想法本身，我只是在控制思考的主题，思维自然会从潜意识中流出来。这是一个简单的练习，但功能非常强大。它帮助我避免陷入思维漏洞。这是中间步骤，通过消除过去的想法，增加创意性的暂停，延长了创意的孵化期，让我朝着更大目标前进。

现在我已经能熟练自如地改变我的想法了。用空白的新主题，随便替换刚刚那三个主题，对我来说易如反掌。我继续在树林里散步，现在有三个主题：1）我书中的一章；2）黛博拉；3）一片空白。虽然我已经做了思维训练可以改变主题，但我更容易陷入空白主题，我感觉它是一个要考虑的话题。这是一个伎俩，一种训练自我的方式，在我思考时创造暂停，可以导致更长的停顿，最终消除心里原来存在的思考内容。当然，这是一个小步骤，一个简单的一步，但它很有用。当你想采取更大的步骤，更长的停留时间，深入地与你的影子世界沟通，探索它，请先练习这些小的步骤；就像在攀爬优胜美地的大岩石之前，先在约书亚树国家公园的小石头上练习步法，做好准备。

这就是为什么大多数创新者会将"走路"融入他们的日常思考中。他们有意识地或潜意识地开发出这样的思维技巧。创新者的传记通常包括一两个走走停停的思考故事。托马斯·杰斐逊、艾萨克·牛顿、阿尔伯特·爱因斯坦和查尔斯·达尔文都把长时间的散步作为他们日常安排的一部分。如果你有机会访问英国道恩郡的达尔文故居，导游将向你展示"沙滩步道"，那是著名的"达尔文思考之道"。他每天漫步在英国农村的小道上，思考着人类、动物，思考着自己在生物进化链中所处的位置。毫无疑问，他在"沙滩步道"上思考，也在这放空。正如弗里德里希·尼采所说："所有真正伟大的想法都是在走路时想到的。"虽然你和我无须解决如此巨大的问题，但我们仍然可以每天散步，帮助我们解决一些相对简单的问题。

一旦你开发出停顿的能力，就能意识到进入你心中的下一个想法，那个打破沉默的思想，这是你潜意识发出的一个信息。所以听一听。停顿是你进入潜意识，和潜意识对话的一种方式。

小心。如果你的潜意识像我一样，我猜咱俩差不多，那就不要指望每次对话都会有好的成绩。这是一个试错过程。你的潜意识在说话并不意味着它是这个主题的权威——它的想法可能还没有完全形成，它们可能还没有准备好出生。所以只需要倾听。如果它们是对你有用的东西，那么很好，如果不是，也没关系，下次运气会更好。

还有一个建议。如果进入你头脑的想法没有意义，也许只是块面包屑。但这是一条线索。跟着它。让它带你进入新的思维训练。将这个想法拖入潜意识中，进入宴会厅的影子，汉塞尔和格雷特尔[①]就是这样跟着他们的面包屑回到家里。你永远不知道它会带你去哪里。

总而言之，暂停有两个作用。首先，它可以让思想变流畅，让想法向新的方向前进。第二，相应地，它会让潜意识开口说

---

① 汉塞尔和格雷特尔，格林童话中的人物。

话，让意识去听。如果你一直在说话，就不能倾听。停顿却能够让对话进行。没有它，你只能一直在徘徊，影子将没有机会插嘴。

除了暂停之外，还有一个由来已久的创意孵化方法，值得与世界上每一个思想家分享。它就是睡眠。这是老生常谈的办法，因为它真的非常有用。所以，我不需要教你如何睡觉，我只需要指出它的有效性，以及如何将其整合到你的思维程序中。

据睡眠专家和《睡眠》一书的作者卡洛斯·申克（Carlos Schenck）博士说，睡眠能让人精神如此活跃，这是一个谜。不过，他说，没有睡眠，你会觉得疲累、焦虑、郁闷、困惑，感觉像喝醉了一样。申克说，睡眠剥夺，大脑就会像遭受雷暴一样，不受控制的思想爆发，混乱和失调倾泻而出。睡过一夜之后，思维会变得清晰、安静，表面没有涟漪，像夏日早晨的太浩湖。通过整夜的孵化，心灵得到清理。这是由潜意识接管的心灵。这是一个准备好进行创意思考的思维，就像职业冰球比赛开始之前光滑的冰场。

思想的觉醒往往会把思想烙在头脑中，凿刻出深邃的沟壑，就像河流每天都会冲刷出更深的峡谷。很快，峡谷成为水流的唯一途径。意识也是一样，因为烙印过的神经元已经连在一起了。然而，当你睡觉时，这些凹槽被抚平，思想被清理干净，它的表面再次清新光滑，一切可以重新开始。这就是为什么创意总在早晨的淋浴中现入脑海,而不是晚上的淋浴,或者在你准备睡觉时。通常,早晨的思考更清晰,能对影子作回应。晚上是意识的思考,是为了指导和重复。所以,在你睡觉之前,想想要解决哪些问题,有哪些借来的想法,可以完成哪些有创意的组合,你的影子会在你睡觉和梦想的时候帮你完成。

弗洛伊德称梦为"潜意识的捷径"。他和荣格都研究梦境,认为它们是意识和潜意识的聚会地点。弗洛伊德认为,梦是潜意识占领意识舞台的地方,在这里意识的光芒能照亮潜意识的宴会厅。所以,对于你,作为一个创造性的思想家,现在是时候窥探你的影子世界了。如同经历一个创意性的暂停之后,想法会涌入你的头脑,那么,梦境就是潜意识在睡眠潜伏期扔进来的信息。

托马斯·爱迪生曾用他的梦境解决问题。他坐在一张舒适的椅子上,手里拿着一个重金属的球,将金属锅放在地板上,放松身心,考虑着自己的问题,慢慢地睡着了。像他一样,他的身体会松动,金属球便从手中掉进锅里。击球的声音突然将他从潜意识状态唤醒。他现在处于半意识半潜意识的状态。爱迪生认为这是解决问题的理想精神状态。

像爱迪生一样,历史上有很多创新者利用梦境来解决问题。小说家罗伯特·路易斯·史蒂文森(Robert Louis Stevenson)梦见被警察追逐,然后变成一个怪物,把他的攻击者当作另一个自我，导致他写出了《杰基尔博士和海德先生》①。弗里德里希·凯库勒（FriedrichKekulé）梦见一条蛇吞噬了自己，这让他理解了苯分子的结构。阿尔伯特·爱因斯坦梦中看到一头牛触摸了电围栏，这帮助他构想了相对论。而讽刺的是，卡尔·荣格梦见了他已故的父亲，这让他想到了理解被压制的思想。比尔·盖茨担任微软首席执行官时，曾经在会议期间睡着了，开始嘟哝着一些听起来像代码的句子。这成了公司内部的笑话：盖茨做梦都在写代码，在睡觉时都在解决问题。

然而有一些问题，"睡觉"也不足以孵化它们。脑海中的思维黑洞很深，就像太空黑洞一样，思想的重力是如此强大，只要你触碰到这个主题，就会把你吸引回到洞里。想象一下爱因斯坦经过的智慧斗争，他熟练掌握牛顿物理学，却摆脱了这位伟大科学家思想的拉扯，并建立了一种思考物质世界的新思路。这真令人惊讶。我们也遇到过同样的挑战，虽然不是那么复杂和庞大。你的行业或职业有一套约定俗成的规矩，可以为你和你的员工构建思维。这个想法无疑使你的思想被吸附到传统思想的黑洞中。要摆脱这种重力，你必须在更长的时间内孵化。你必须从你的问题中完全逃离出来。休息几天，几周，甚至几年。

艾萨克·牛顿在学生时代就开始思考重力问题，他画了精

---

① 又名《化身博士》，是史蒂文森笔下一部哥特风格的科幻小说。

致的风车装置来"抓住"它,把它看成下雨或从天上推下来的东西。然后他把这个话题放了好几年了。他以数学为中心,发展了微积分,这本身不是多大的壮举。他也为光学和天文学做出了重要贡献。牛顿放弃重力这个科学调查的话题后,直到皇家学会的埃德蒙德·哈雷爵士,这位研究彗星的大名人,在十年后拜访了他,并要求他再次考虑这个课题,一个新的见解出现在他面前。长时间的休息让他可以重新思考这个概念。牛顿放弃了重力向上推的想法,开始思考向下拉的力量。经过这么多年,他脑海中的黑洞已经被填满,被清洗干净了,所以现在他获得了一个可以重新开始的光滑表面了。

现在,如果潜意识是构建创意并允许其成长和孵化的子宫,那么在某个时刻,你要生下这个想法。在某种程度上,这个想法需要脱离潜意识的影子,站在光天化日之下。当影子尝试给你介绍新概念时,你要倾听影子自我,因为它试图把它们生下来。

第三步——产出

创新者有能力与思维的影子进行交流。影子在和她说话。艾萨克·牛顿曾经非常罕见地邀请了两位教授到他的房间品尝葡萄酒和晚餐。牛顿刚刚被任命为三一学院的卢卡斯教授,相当于今天的终身教授。虽然大家都知道这是个校园里的怪人，但他还是备受尊敬，作为在这样一个声名显赫的学院被评为如此突出位置的最年轻学者。为了表达他的感激，也许是为了建立一些个人关系，他邀请了同龄人加入他的小范围庆祝活动。晚餐期间，仆人在准备晚宴，为宾客提供服务，于是牛顿自己去酒窖取一瓶酒。一小时后，他的客人开始担心，因为艾萨克没有回来。据传说，他们发现他横跨在酒窖地板上，在一块废纸上做笔记。显然，有某个想法在他的脑海里爆炸了起来，他完全忘记了他的重要客人，以及他主办了一个派对。艾萨克·牛顿有着极其夸张的想象力和一个强大潜意识的头脑，用清晰的语调频繁地和他说话，声音如此强烈，淹没了一切。

作为一个创造性的思想家，你需要和自己的影子建立友好的关系。虽然你可能永远不会像艾萨克·牛顿那样被迷得神魂颠倒，但是没关系。你不是在解决和他一样宏伟的问题。但是，你可以培养和影子自己的关系，以促进潜意识的输出。为了做到这一点，我个人专注于三个具体的事情：1）让弗洛伊德的看门人放松下来，就是那个站在意识门口的人；2）清理客厅，即我的显意识，这样能够容纳新的客人；3）当潜意识开口时，认真倾听。换句话说，你需要接受新的想法，为它们腾出空间，并在它们出现时注意到它们。

弗洛伊德解释说，看门人负责控制显意识的访问。不可接受的想法，如奇怪的性想法，可能因为担心被采纳或解释成信仰，而被拒绝进入。在允许进入之前，看门人会使用以下标准，评估每个客人、每个想法，包括：与信仰的一致性，与逻辑的一致性，以及与房间中其他客人的兼容性。他不仅会避开奇怪的性想法，还会避开任何违背信仰体系的想法。看门人会否认一个没有逻辑构造的想法，也会否认和头脑中其他想法无关的想法。看门人认为这会让你感到困惑。另一方面，创造性的思想家有一些想法，似乎是从左脑蹦出来的，或正如斯蒂芬·金先生早些时候所说的那样，"从天而降"。你看，创新者和看门人有着完全不同的关系。这是一个放松的看门人。

　　为了使看门人放松，让思想自由地进出显意识的客厅，你必须认识到思想、信仰和现实之间的差异。听起来很简单，实际上令人困惑。我至今仍然倾向于认为我的想法是我的信仰，而我的信仰就是现实。如果一个想法涌入我的头脑，我相信它是现实的。例如，如果出现了"我的老板是个白痴"的想法，这意味着我相信"我的老板是个白痴"，而且在现实中他就是个白痴，这就是为什么对于大多数人来说，潜意识里的想法会被拒绝进入显意识的客厅。看门人拒绝了这个想法，它不代表信仰，也不是思想家认为的现实。这造成了一个困境：根据定义，新的想法是对现实的一种新的认识，它永远不会被允许进入显意识里。看门人阻止了多少次让意识的光芒照耀你伟大的想法？要有创造性，你必须与自己的想法建立新的关系，和引荐它们的看门人建立新的关系。

现代心理学之父威廉·詹姆斯将人和思想的关系视为心理健康的晴雨表。他将这种关系想象成一个连续的体系，如下图2所示。

想法仅仅是想法　　　　　　　　　　　想法就是现实

心理健康的创意　　　　　　　　　　　精神异常的重复

图2：与想法的关系

连续体的最右边是想法代表现实。在这里，思想、信仰和现实都是一致的。每一个想法都代表了一种信念，每种信念被认为是现实。这是精神病的临床定义。如果他想象墙壁正在融化，那么对他而言，它们真的在融化。结果，精神病患者的思想往往会变得重复，就像我的朋友比利，韦斯特伯勒精神病院的那位。他一遍又一遍地想着同样的事情。这强化了他的现实，使它看起来更真切。一个新的想法可能会带来一个新的可怕的现实。对于精神病患者，反复思考同样的事情更安全。看门人认为这里没有客人，他就会十分关心"认为有新客人"会造成哪些后果。新的想法不被允许。

在连续体的最左边，思想只不过是无害的概念。想法只是想法，自身没有内在价值，除非有人接受它们为真实。威廉·詹姆斯认为这是心理健康的缩影。一个和自己的想法有这种关系的人，从来不会受到它们的折磨，因为他知道想法不代表现实，他有权接受或拒绝任何想法。这种态度，显然是打开了潜意识的宴会厅，因为想法没有危险。在这种情况下，看门人消失了。客人源源不断地进入和离开客厅，让意识之光照耀自己，然后继续前进或留下来做进一步的考虑。实际上，你有意识地承担看门人的职责。这个地方现在已经变得健康有创意了。换句话说，作为一个创新者，你已经和想法建立了一种"冷漠"的关系，不会过于关心它们。

当然，这个地方也创造了一个新的问题。"灵光乍现"的时刻令人着迷，让你爱上你的想法。这个想法激励着你，强迫你深入地、经常地、非常小心地思考。然而，我建议你与它建立一种冷漠的关系。这似乎是违反直觉的、矛盾的。其实不然。如果你过于重视一个想法，它就会变成一个信仰，一个现实，刻在石头上，成为看门人过滤和拒绝其他想法的准则。人们对爱因斯坦对他的狭义相对论的冷漠感到惊讶，有些人认为他在谦虚，还有人认为他很虚荣，或者只是虚伪地谦虚着。然而，这只是他与自己的想法建立起来的健康关系。爱因斯坦知道他的第一个理论背后有一个其他的想法。他不得不放弃对第一个想法的信念，以便进入下一个，广义相对论。吻只是爱人的吻，思想只是思想家的思想，虽然很美丽，但是仅此而已。和任何一个想法太靠近，都会阻止别的想法来到你身边。让它们去吧。这是一段旅程，而不是终点。如果你想留下来欣赏最后一个想法，你就不能获得下一个想法。你必须怀疑一切，包括你自己的想法。

在创造性思维中，怀疑是好的。怀疑让创意有效率。没有它，世界就永远正确，不需要任何新的思想、新的想法，所以创造力在它有机会出生之前就死亡了，中止了。苏格拉底、托马斯·杰斐逊、艾米莉·狄金森和耶稣基督都是伟大的怀疑者和伟大的创新者。尼采说，"伟大的智者是怀疑论者。"

如果怀疑是好的话，那么不变的信念就是坏的。要警惕。黑暗时代[①]很少有甚至没有任何创造性进步。那是一个伟大的信仰时期，当时教会和政治制度是一样的。信仰是教会和国会的共同要求。怀疑是一种叛国罪，会被处以极刑。这是一个学习和创造停止的时代。人们想要知道的一切都包含在一本书里，即《圣经》。怀疑这本书，你就会失去生命。就这么简单。信仰杀死了思想。

怀疑让门口的看护人得到放松。它允许想法在你和影子之间自由流动。如果你是基督徒，那么请阅读《物种起源》。如果你是共和党人，那么听听民主党人的想法。如果你是民主党人，那么听听共和党人的主张。看看你可以学到什么。把自己

---

① 欧洲历史上从罗马帝国衰亡至公元 10 世纪的时期。

暴露在反对的意见里，不是为了改变它们，而是教自己多去倾听，可以给自己发送潜意识的想法，哪怕它与你的信仰冲突。这将有助于和自己交流想法。它将帮助你创造和培养开放的心态。记住，爱因斯坦自己也在怀疑相对论。他知道这是获取下一个想法的唯一途径，就是让他的思想向前迈一步。强大不懈的信念会杀死创造性思想。

在这一点上，你可能会问自己：如果是这样的话，那么为什么这么多创意人都心智紊乱呢？为什么有那么多饱受折磨的艺术家、饱受折磨的灵魂，徘徊在疯狂的边缘，这些刻板的形象在我们的文化中如此盛行？欧内斯特·海明威用一把霰弹枪结束了自己的生命，西尔维亚·普拉斯和弗吉尼亚·伍尔夫也自杀了，库尔特·科本和希思·莱杰是最近的例子。威廉·斯滕（William Styron）、马克·吐温（Mark Twain）和罗伯特·罗威尔（Robert Lowell）都在努力解决严重的衰弱性抑郁症。而文森特·梵·高饱受困扰，切掉了自己的耳朵，疏远了家人和朋友，最终结束了自己的生命。这些例子似乎与"心理健康有利于创造性思维"的观点相反。其实不是这样的。

心理健康不一定有利于创造性思维；只是有利于让催生创造性思维的看门人感到放松。有精神疾病的创造性人才，有着一个轻松的看门人；他们也会让思想自由出入，不过他们把这些想法当作信仰，当成现实，这只会使精神障碍永久化。约翰·纳什,《美丽心灵》小说和同名电影的主人翁,也是精神分裂症受害者之一,他表示说,帮我解决复杂数学问题的声音,和告诉我俄罗斯间谍在跟踪我的声音,是同样的声音。换句话说,纳什认为他潜意识里告诉他的都是真相;这是现实,无论它有多奇怪,多荒谬。事实上,以这种方式思考,创意天才有变成疯子的倾向并不奇怪,因为他开始相信自己的潜意识。毕竟,它提供了许多"美丽"的概念:美丽的书籍、美丽的画作和美丽的数学方程。我能理解,为什么约翰·纳什和欧内斯特·海明威因他们的影子提供的想法而饱受折磨了。如果我的影子帮我写了《丧钟为谁而鸣》,我可能会开始相信它所说的一切。我可以看到它如何结束,特别是创造性的美丽想法。

好吧,现在你有一个轻松的看门人,他会允许未完成的想法、相反的立场、不合逻辑的概念,或不完整的比喻进入客厅。但是,在这些想法流畅地流动之前,你仍然有另一个问题来解决。你必须清除客厅里的其他想法。记住,弗洛伊德指出,显意识是有限的,一次只能处理一个想法。契克森米哈赖称之为"意识的线性处理",与潜意识思维相反,他把后者称为并行处理。如果我们对重复的、线性的静态表示出过分的紧张,那么新的思想就无法进入意识的思想。

你可以使用我在孵化阶段里所描述的思维技巧来解决这个问题。在想法中插入一个简单的停顿,让你的潜意识有机会发言。更长的停顿，像我在日常散步中创造的停顿，能够为影子自我提供更多的机会来呈现新的想法。我故意清除显意识的思想，以便潜意识的想法如雨后春笋般涌现。在本质上，我正在重新创造一段淋浴体验，这是我在本章的开篇故事中讲到的。这就是为什么第二阶段的孵化——直接导致了第三阶段——影子想法的输出。

埃克哈特·托尔（Eckhart Tolle）在他的畅销书《当下的力量》（*The Power of Now*）中主张停止连续思考，并说在现实生活中完全可以实现。根据托尔的说法，概念思想，即我们在这本书中一直谈论的东西，是非常有限的。他描述了显意识和潜意识之间的关系，正如弗洛伊德和契克森米哈赖所言，只是他使用了第三种比喻。他说，显意识就像湖面，而潜意识则藏在湖心深处。为了进入到深处，一个人必须放下显意识，潜入深处的潜意识。生活在当下，可以为创新者拓展深度。

《当下的力量》的做法，只不过是放弃了逻辑思维和沉默的显思想。要做到这一点，办法有很多，我在本章中已经介绍了一些，但是最有效的办法就是专注于当前你所做的事。例如，我把自己陷入危险的境地，比如爬上麦金利山顶峰，或站在优胜美地山谷 1 500 米高的边缘，不是为了证明自己，而是因为经验本身是如此生动有力。我的思想集中在下一步，生活在当下时刻，因为我意识到稍有不慎就会死亡。有些人通过冥想找到当下。有些人使用性作为途径找到当下，因为有些想法会在高潮时蹦出来。还有人在房子后面的森林小路上找到当下，或者在教堂里，在他们的神面前沉默时可以找到当下。根据埃克哈特的说法，不去"思考"，只是"活着"，这是人类最终的经验，是让你和影子自我接触，和隐藏在湖面下的巨大智慧联系起来的一种手段。

到了创意产出的第三步，也是最后一步。其实很简单，当它给你传送想法时，只要倾听就好。有时候想法进入你的大脑，你会明显地感觉到茅塞顿开，就像洗澡的时候。思维暂停的那一刻就是你的潜意识说话的时候，所以你应该倾听。其他时候，这个想法需要靠哄骗才能出来。抓住想法之前，你可以感觉到它。这些情绪就是潜意识的语言，你必须认识到这一点。它们是试图打破意识的想法。最后，你必须意识到想法会把自己的表面伪装成其他事物，就像误解有时候是潜意识的沟通。

据哈佛大学已故的生物学家史蒂芬·杰伊·古尔德（Stephen Jay Gould）所说，大脑皮层，就是用来产生思维的大脑，人类已经进化出哺乳动物的大脑、边缘系统和情感大脑。它们连线在一起，所以彼此密切合作。思想创造情感，情感可以创造思想。它有两种方式。你懂的。作为一个创新者，你需要意识到情绪，思考时有什么样的感觉，因为情绪是潜意识的语言。即使当前乐观的想法主宰着你的思想，你是否感受到沮丧的情绪？没有什么特别的原因就消沉下来？那么在许多情况下，这是你潜意识中的想法，让你有了这样感觉。潜意识使用边缘系统，情感大脑，让这些想法显露出来，融入意识里。在这种情况下，不明原因的消沉，其实是消极的潜意识思想还没有被意识的光芒照到。

在马尔科姆·格拉德威尔（Malcolm Gladwell）的《异类》(*The Outliers*)中，他采访了克里斯·兰根（Chris Langan），一位智商高达195的人，比爱因斯坦还高出30多分。兰根对格拉德威尔解释了他的创作过程，他说："有时候，我知道答案是什么，因为我梦见了答案，我可以记住它。其他时候，我只是感觉到答案，我开始打字，答案出现在页面上。"换句话说，兰根觉得想法在意识抓住它之前就藏在了潜意识里。情感就像一条鱼线，用来捕捉下面的想法，并把它们钓上来。如果你打破这个附属装置，就等于切断鱼线，就无法捕捉到这些想法。同样，如果你在创意过程中忽略了你的情绪，就等于忽略了钓鱼线以及你可能钓上来的潜在想法。

所以，作为一个创新者，要善于使用你的情绪。兴奋、生气、快乐，像兰根一样，在抓住想法之前我也能感觉到它的存在。我感觉到有东西在内部酝酿，激励着我，它让我继续前进、探索、联系、结合、组合和重组。虽然有些想法像是脑袋中了一枪突然出现，但还有想法就像潮汐一样，浸入其中，慢慢淹没。这些海浪从情绪开始,而不是有意识的思维射弹。注意它们。情绪,和梦一样,是进入潜意识的另一条捷径。据悉,史蒂夫·乔布斯、艾萨克·牛顿、沃尔特·迪士尼、玛丽·居里和比尔·盖茨都使用了感情。他们思考着,感觉着。那么,你也应该这样。观察头脑中的浮标,当你钩住了表面下的想法时,准备好把它们钓上来。鱼钩和鱼线就是你在创作过程中感受到的情感。情绪是潜意识的语言,是另一条进入影子的道路。

进入影子的最后一条路不是捷径,它更像是一条僻静的后街或隐藏的路。弗洛伊德着迷于这些隐藏的走廊,并称之为"倒错(parapraxes)"。今天,你和我称他们为"弗洛伊德口误"。它们是错误的话语或意外的话,就像称呼你的妻子卡米尔,其实她的名字是特丽。或者把电脑上的硬盘驱动器说成硬……什么什么。好吧,你知道我想表达什么。弗洛伊德认为这些地方是泄露了意识状态的潜意识。在这里思想逃脱出来,巧妙地躲开了门口的看门人。对我们来说,它们是进入潜意识的小路,也可以产生新的想法。

在创意世界中,有三种不同类型的倒错,可以帮助创新者。有典型的弗洛伊德式潜意识口误,你说的话不是你想说的,但它实际上可以是一个好主意。然后,有一种弗洛伊德式潜意识耳误,你听到的是不正确的声音,但实际上你听错的内容可以是一个好主意。最后,有弗洛伊德式潜意识眼误,你读的是不正确的内容，但实际上你看错的内容可以是一个好主意。我已经体验过这三种倒错了，对他们很感兴趣。比如，一位平面设计师问我为什么我的软件产品"往下"流，事实并没有，不过他的描述是一个有趣的想法，为我带来了一个重大的创新。后来我发现我误解了他。他问我是否打开（open down）了一个链接，而不是产品往下（flow down）流。我相信，这个误解是我的潜意识送给我一个新的想法，一个弗洛伊德式的耳误。

亚历山大·格雷厄姆·贝尔（Alexander Graham Bell）发明了电话，部分原因是弗洛伊德式的眼误，一种文字的副作用。他读了德国科学家赫尔曼·冯·赫尔姆霍兹（Hermann von Helmholtz）的一本书，叫作《音调的感觉》（*The Sensations of Tone*），使用电调音叉和谐振器可以再现元音。然而，不懂德文的贝尔误解了这段文字，以为它可以使用电线（不是电调音叉）再现元音的声音。这种误会使他试图用电线重新创造语音，而他最终做到了这一点。据贝尔说，"如果我能读懂德文，我可能不会开始我的电力实验。"这是一个误会，还是贝尔的潜意识渗透创造电话的意识世界？你永远不会知道。但你应该知道，误解、口误、耳误和眼误，往往是潜意识的声音。当你遇到这种情况，问问自己，这个误会真的包含一个想法吗？你会惊讶事实经常如此。我有时想知道，我因为误把"倒错"当成简单的误会而忽略了它们多少次。现在，我不会让任何误会从我身边溜走。

我会停下来检查它们，它们也许是我潜意识留给我的笔记。

当你变得更清楚自己的想法，更能意识到还有一个我存在，就应该在你们之间努力地营造健康的关系，就像你处理和其他人的关系一样。给你一个提示：你的想法不等于你。你是想法的生产者。你应该和想法的生产者建立关系，而不是和想法本身建立关系。亲吻只是一个吻。你和接吻的人建立关系，而不是和亲吻建立关系。

例如，这是我与自己建立的联系：我听着我的潜意识，并且非常重视它所说的话。与此同时，我理解它每次的试错，想法的组合有百万种可能，它会仔细斟酌，为我服务。我不会把每一个想法视为牛顿式的发现，我知道牛顿不会这么做，但是我花时间倾听，我尊重它所说的话。我经常感谢它的投入，然后思考和这个主题更多的内容。它会回去工作，不害怕提供任何想法，哪怕这个想法糟透了。我们都清楚这只是过程的一部分。

这就像我和朋友或者我和女儿之间的关系。这是一种相互尊重。我倾听。我考虑。然后我采用那些有用的。我的女儿会听我的，会思考我说的话，然后采用那些对她有用的内容。重点不是要建立这样一种关系，重点是要建立你自己的个人关系，如何定义和影子自我的健康关系，这样你可以和它更有效地沟通。建立信任关系，这样你可以和潜意识更好合作，组合从不同地方借来的想法，解决你的问题。潜意识很擅长做这样的事情。

我虽然没有在心理学方面接受专业的培训，但我对潜意识很感兴趣，也努力和自己的潜意识建立一种深层的关系。它是我的创意的母亲，它孕育了我的想法。我意识到我得教潜意识如何构建想法：解决问题，借用原材料，生成有创意的结合。我意识到，潜意识需要时间去思考，去孵化。我意识到我头脑里的看门人，是他在扫描信息，所以我会让他的工作更加有意识，停止盲目的筛选，让我有意识地进行。最后，我知道我不得不停止思考，停止和自己说话，因为我的潜意识有话要说。我要开始漫长的旅程，比之前还要长。我来到圣迭戈以东的当地山脉进行为期一天的徒步旅行。它让我停止思考，清除我的想法，为新想法腾出空间。

长途跋涉的第四步

当我爬上圣雅各山的东坡时，我瞬间惊呆了，出错了。我停下来了。我被另一个想法击中了：这个想法可以用来指导 TurboTax 的直接营销计划。

"把软件给他们。你这个笨蛋！"这个想法子弹在对我咆哮。

"什么？"我问。

"你为什么要寄一张订单？为什么你要问销售？你只需要把软件发给他们，就一劳永逸了，"我的影子说，"最后他们都会买的。"

那天，就是这样的对话出现在我的头脑里，我脑海里的谈话，让我想到了 TurboTax 的 MyCD 程序。汤姆让我"提升响应率"，这就是我做的。你看到，旧的 TurboTax 直销计划的响应率已经很高了（超过 15%），因为一些老客户可以方便地通过邮件购买，而不用去 Office Max 或 Staples。所以，我一直在问自己，我怎么才能使它更方便？答案是在圣雅各山斜坡上那颗击中我的子弹。不必在邮件中发送订单，我决定发送 CD-ROM 上的软件，让他们解锁。这比他们处理订单，然后寄出光盘更方便。我的大脑已经构建出一个解决方案，这是一个借来的想法，就在 Intuit 办公室的桌子上。我的桌上是美国在线的直接邮件，这是一张加载 AOL 访问软件的 CD。这是我借来的最有希望的想法之一，但我还不知道如何将它应用到 TurboTax 问题。直到那时，我才被那个点子击中。

我开始向汤姆解释。十秒钟后，他说："我懂了，"我继续说着我的想法，他说："我知道了。"

所以，我为这个新的程序构建了一个强大的比喻。我把它当作预定程序。换句话说，我设计了它，看起来客户已经从 Intuit 订购了该产品。这是一种销售。所以，通过这个比喻，这些设计根本不像在营销。没有"现在就买"的消息。没有优惠推送。只是对今年新产品的一个简单、低调的介绍，就像对他们订购的产品做升级一样。

那一年，我们在邮件中发送数百万张 CD。不同于旧程序 15% 的响应率，超过 60% 的人回应了。这是一个巨大的、令人瞩目的成功。巨大的收入、巨大的利润和巨大的客户保留率。

在接下来的一年中，我和数百名 TurboTax 客户交谈过。他们告诉我，"哦，我每年都需要 Intuit 给我新的程序。"当他们这样说的时候，我知道这个比喻起作用了，我有了绝地武士的念力，他们如果不订购我的产品，就会觉得不妥。这是一个硬销售的程序，却被包装在一个软销售的比喻里。

这个想法对 Intuit 来说价值数千万。简单明了。但更重要的是，这个想法能让我重新开始。我的信心提升，喝的酒少了。Intuit 给了我丰厚的奖金，汤姆说他想要更多的想法，所以在这家财富 500 强公司里提供给我一份永久的工作。

"我不是一个真正的企业家，"我告诉他，无法要求自己做着朝九晚五的事情。此外，我已经接受了更多的咨询工作，现在我有三家主要公司的收入：Intuit，Ingram Micro 和 Insight。我又赚了很多钱。

"嗯，我不是在提供一个公司里的工作机会。我对你有一些不同的想法，"他说。

"告诉我，"我说。

05

第五步：判断
解答会衍生新问题，反复检验看出优缺点

　　时间回到16年前，我坐在一台带黑白显示器的电脑前。这里是加利福尼亚州亨廷顿海滩的结构实验室。它是麦克唐纳道格拉斯宇航公司的一个园区。实验室里都是宇宙飞船、卫星垃圾和一颗MX弹道导弹，随便地在角落里撑起来。它搭载着核弹头，曾经威慑过苏联。它也曾让我觉得恐怖。

　　"上校，我想我们遇到问题了。"我说。

　　他靠在我肩膀上，看着屏幕。我们正在测试结构支架，其中包含有效载荷辅助模块（PAM），这是一种可以从航天飞机舱发射卫星的火箭发动机。我是PAM测试计划的首席工程师。我们需要在一个月内保证飞行，我正在实验室里，通过使用巨大的气动执行器施加压力，来模拟起重荷载。我们要确保发射安全。

但现在有一个问题。应力—应变曲线开始变成弧线，所以我停止了测试。压力是施加在结构上的力，应变是在这个负荷下结构膨胀或收缩的量。对于延性材料，应变与应力成正比：越用力推，压缩得越多。也就是说我们达到了它要破碎的临界值。然后它会以更大的比例压缩到能承受的应力值。换句话说，增加少量的应力会造成巨大的应变。应力—应变曲线从直线开始，应力和应变成比例，但是如果材料开始破损，应变会比应力大得多，因此曲线变成弧形。这就是刚刚发生的事情；曲线像一个碗底，这意味着 PAM 即将破碎。

现在，PAM 并非飞船的一次性使用物件，会在航天飞机上飞行几个星期。它的损坏意味着任务失败，我们必须给美国宇航局、空军一个答复，并且打电话告诉白宫。这是航天飞机上的第一个"实践任务"。里根总统想要看到自己投的钱有所成果。

"一定是哪里出问题了，"上校说，"它应该承受更多的负载。"我还没有达到预期负载的一半。我检查了电脑上不同的节点。这些地方分布了数百个应变仪。我意识到漏洞一定会被追踪到某个特定的支柱上——其他的曲线是直的、稳定的。

后来我发现，因为官僚结构的错误，这个支柱没有被"热处理"。你看这个支柱是由高级的铝合金制成，本应该"回火"，即通过加热和冷却金属以增加其强度和刚性。显然有人忘了这样做。幸运的是，测试找到了问题。我们把托架分离，把支架进行回火，再把它装回去，测试成功，现在鉴定它可以发射了。

一个月后，当我看到哥伦比亚号航天飞机从肯尼迪角成功起飞，我才露出一丝微笑。不仅是因为我在这个成功的发射任务里扮演了重要的角色，还因为没有人看到我用黑色的三福记号笔（Sharpie）在 PAM 下面写了自己的名字。我想我的太空涂鸦在 16 年后仍然漂浮在我上方 40 万公里的地方，在我走后还会留在那里很久。

我用 Intuit 的奖金和从其他咨询工作中赚来的钱，在圣迭戈县买了一个新家。我离开了 6 号汽车公寓，来到了一个很不错的地方，这里离海洋只有几个街区。我开始设想建立一个新公司，但我的想法看起来很无聊。我想了很多方法，但没有一个中意。我没有什么创意可以用来吸引一家风投公司。我问自己：为什么这些想法毫无用处？

当我思考这些事情，有效载荷辅助模块的故事进入我的脑海。起初我不知道为什么。我想到它，并意识到这是我的影子自己提供的另一个线索。对我来说，我所有的想法只是开始，它们需要时间形成，需要时间发展。想法需要被测试，就像宇宙飞船发射之前也要经过测试。我需要识别想法中的弱点，就像对结构中的弱点施加外部力量一样。在创意的过程中我意识到这种外部力量就是判断力。

遗憾的是，完美的想法并不是以完全成形的形态出现，也不能马上就实施。"茅塞顿开"的那一瞬间，就是难题的缺失部分，不是把所有的东西都放在一起，就可以面对世界。想法需要时间。它们需要工作，判断就是在管理它们的工作。没有它，你只能找到这个解决方案的冰山一角。有了它你就像有了机关枪，解决你遇到的所有问题，把每一个缺失的部分当作一次机会，重置枪口的瞄准器。每一次射击，如果对了，就会离靶心更近。然而没有判断，你就是盲目的，不清楚自己离目标有多近。我逐渐意识到，是判断驱动了创新的进化。所以我读了很多关于进化生物学的书，它们帮我更好地理解判断是如何工作的。

迷姆（Memes）和创意的进化

理查德·道金斯在《自私的基因》一书中，制造了一个词：迷姆，他描绘了一种文字信息，就像一个习惯或想法，从一个人传递给另一个人。他用它来比喻基因的发展，通过有机物世代传承、复制。他从希腊语 mimema 中得出这个词，本意是模仿行为举止。随着时间的推移，道金斯解释说，这些迷姆与其他迷姆相结合，形成一种新的想法，就像基因与其他基因组合形成新的基因。其实他所描述的是想法的进化，任何想法，不管它是理论、故事、还是一段旋律，一个产品。想法和基因一样，在为生存而奋斗。事实上，每个想法都在和其他想法斗争，因为资源是有限的，只有一部分想法能被传递下来。有的活下来了，有的却没有。

是什么让想法生存下来？为什么有的想法能持久，有的却很快灭亡？在生物进化中对有限资源的争夺，决定了其生存。在商业中，生存能力建立在所解决的问题的重要性的基础上，以及相对于其他解决方案，这个想法多大程度上完美解决了问题。解决一个微不足道的问题，你的想法也是微不足道并且很快就会死去。解决一个重要问题的速度不及另一个解决方案，你的解决方案也会死去。这就是为什么我在第一章强调你需要花大量时间学习如何理解问题。如果你解决了别人无法解决的重要问题，你就能生存下来。

iPod 生存下来了，这个创意从一个人传给另一个人，因为它解决了一个重要的问题——娱乐，它比其他解决方案都要高明（比索尼 Walkman 更好）。它取代了随身听，因为你不必购买和存储笨拙的 CD，不管你去哪都能随身携带你的音乐库。并不是苹果的广告让它获得如此成功。是人们口口相传它有多酷，将 iPod 的迷姆传给数百万人。每个好的营销人员都知道口碑可以见证产品的成功，就像每个先知知道宗教如何成功一样。迷姆就像创作过程中的基因一样，想法随着时间的推移而进化，因为比他们的竞争对手更适合而获得生存。

索尼随身听，在当时虽然是一个伟大的想法，但是它只是一个漫长的进化链中的一环。iPod 是随身听的孙辈。如同生物的进化，想法也是从一代产品进化到下一代，新的元素取代或者增加到旧的元素里。像物种一样，后代有时候与祖先几乎没有相似之处。例如，鸟类是兽脚类恐龙的直接后裔。同样，**iPod** 是古老的留声机的后裔。产品和想法都是之前没出现过的东西的后代，通过协同解决一个明确的问题而构建。汽车是马车的后裔，马车是战车的孩子，战车是独轮车的孩子。每个想法都是由前面的想法孕育出来的，然后它会进化，和新的事物结合，通过进一步组合慢慢改进。

一个创新者能够理解进化链，创意不会从天而降。如今想法被误认为是一个独立创作者构建的独立概念。这种谬误由专利、版权和商标等现代"所有权"概念延续下去。正如艺术史学家丽莎·朋所指出的，在文艺复兴时期，艺术家们可以自由地复制了他人的作品，但人们希望拿来主义者可以"改进"这个作品。直到自由市场成立，"原创"成为珍贵的财产，具备了巨大的财务价值。在这个时代之后，知识产权的概念入侵了创意世界。不幸的是，这种做法模糊了创意过程的真实性质。现在，由于法律限制，思考者们被告知不许复制，可是复制却是创意过程的核心。这种谬误的推理使得创作仿佛是从天而降的，其实不是。创意也是在不断进化的，它利用以前的想法来诞生新的想法。与你所听到的相反，是判断推动了进化过程的判断，因为它决定了生存能力。

所以，要产生能够活下来的想法，就要成为判断专家。在想法进入世界之前，对它们进行测试，就像我在航天飞机发射之前对有效载荷辅助模块进行测试一样。没有测试，就会有灾难，没有判断，想法只会灭绝，变成纸上谈兵。你开发的专门技术（expertise）取决于你采纳各种观点的能力，取决于你能改变自己观点，应用不同的负载，从而确定优势和劣势。

判断是观点的结果

大学时，每逢周末我会借来母亲的新福特野马（Mustang）。有一次我突发奇想，决定从马萨诸塞州的萨德伯里，开车去亚利桑那州的威廉姆斯看大峡谷。那是地球表面积最大的一个峡谷，我几乎每年都会来这徒步一天，从峡谷边缘爬到谷底再折回。站在顶端往下看，它是一个巨大的洞，当我爬下来，峡谷的岩壁慢慢变化。当我来到下面的科罗拉多河，它们已经成为一个巨大的山脉，而不是从地表挖出的洞壁。我在山谷里，不是在洞底。视角改变了我对事物的认识。

当我写这本书时，我用不同的视角来解释我的想法。我通过用第一人称讲述我的个人故事，开始每一章。使用代词"我"，可以让读者知道这故事发生在我——戴维·穆雷身上。其他时候，我使用第二人称视角，用代词"你"来描述感觉的转变。最后，我用第三人称，说说关于艾萨克·牛顿或玛丽·居里的故事，使用他或她的代词来强调这个观点。大多数小说都是用第一或第三人称写的，很少用第二人称——从读者的角度来说，这是很难叙述的，因为读者知道所描述的事件并没有发生在自己身上。每个视角都可以提供不同类型的故事。

即使是时间的流逝，也能改变人们对事物的感受。美国历史上最不受欢迎的总统不是乔治·布什，甚至远远没有接近正确答案。亚伯拉罕·林肯有幸获得这个评价。事实上，他只获得了不到百分之四十的民众投票，在九个不同的州里没有收到一票。一票也没有。他是如此不受欢迎，几乎国家都要分裂成两半了。我不记得有哪个州能做到如此厌恶布什，以至于他们想要离开美国。然而今天亚伯拉罕·林肯被认为是美国历史上最伟大的总统之一。当然，随着时间的推移我们会有不同的看法。奴隶制，是林肯时代的分裂问题，从我们的时代来看，显然这是一个灾难，我们很容易做出判断。今天，大多数人都认为林肯是一个伟大的人，甚至我一些生活在南卡罗来纳州的朋友也这样认为。然而在1860年，有一半人认为他是恶魔，当然这一半都是白人。

判断不是确定最终现实的一种做法。不存在最后的结果，我们只能从某个角度来描述一个现实。事实（reality）一词和相对（relative）一词的关系很密切，因为事实是相对的。你可以说太阳早上升起，晚上落下，它是一个事实，是一个最终的真相，但其实不是这样。这只是从地球表面上看到的一个真相。当尼尔·阿姆斯特朗在1969年从地球飞到月球时，当他离开地球轨道到月球时，太阳有近一个星期没有升起或降落。然而，当他来到月球上，是地球在地平线上升起降落，就像太阳和月亮在地球表面上那样。太阳的升起，只在你的相对位置上才是事实。

创意过程需要转换我们的观点，用不同方式观察同一种事物，再来决定它的优势和弱点。在《六顶思考帽》（Six Thinking Hats）一书中，爱德华·德·波诺使用帽子比喻了这个过程，让人难以忘记。例如，他把消极的观点称为黑帽子，把积极的观点称为黄帽子。不同的人格有不同的外观。不管是消极的还是积极的观点，你都可以用来判断优势和弱势。他们就像结构工程师施加在宇宙飞船上的力，以此来做测试。

在创造过程中，不要用判断来接受或拒绝想法（那是在做决策），它只是提升想法的一种手段，驱动想法进化的一个机制，管理想法过程的一种方式。

判决的作用

头脑风暴,是广告人开发的一个概念,在创意世界中头脑风暴赋予了"判断"贬义。在头脑风暴的会议中,想法"不能被评判"。显然,创造这个概念的广告人亚历克斯·奥斯本(Alex Osborne)认为,对一个想法的批判会伤害人们的感觉,从而妨碍在研讨会上想法的产生以及产生的数量。人们因为害怕被拒绝和嘲笑,不愿意提出一个想法,所以他在他的创意过程中禁止判断。通过这样做,他的创造过程充满了无聊的、微不足道的想法。在广告中,出售小创意并不罕见,所以这可能对他有用。但是,在几乎所有其他领域,你是在寻找有更多实质的想法,一个能解决重大问题的想法。所以你需要判断,你需要它来确定想法的质量,从而推动想法的进化。如果你担心伤害自己的感觉,如果自尊心因你的创意而受伤,那么你就麻烦了。我要说的是,请"成长"起来。正如哈里·杜鲁门所说的。如果你不能忍受灼热,就离开厨房。同样,如果你不能接受批评,那么把这本书放下,放弃变得更有创意的梦想。我是认真的。

批评是创意过程中非常重要的一部分,我会选择用一整章来说明这件事。无一例外,本书中所有有创意的人都是批评家。他们批评别人的想法,批评自己的想法,批评自己。当然,自我往往是脆弱的,它想要变成最好的自我。但是,获得成功创意的人会越过它，继续前进，他们明白，为了让理论、想法、产品或其他任何东西进化得更好，就需要批判主义。它是想法演变的驱动机制。

判断一个想法需要做三件事情。首先找出这个想法的弱点。一旦识别这些弱点，你就可以消除这些弱点。第二，找出这个想法的优点。一旦找到这些优点，你就能提升它们，保证你不会在消除弱点的时候误伤了它们。最后，也是最重要的，你将开发出完美的解决方案，因为这是一个具备很多优点但毫无缺陷的解决方案。换句话说，判断能发展你的创新直觉。它让你能一眼判断这是一个好的想法，找到谜题丢失的那一部分。现在你可以描述出完美的解决方案，并使用此描述回到第二步——借用，在你的判断基础上寻找一个具备相应属性的想法。正如乔纳斯·萨尔克（Jonas Salk）所说："直觉会告诉思维，下一步怎么走。"直觉，就是判断的结果。

判断是一种比较。不管你采取了积极的还是消极的观点，这都不重要，你仍然需要一个判断标准。简单而言，标准是由问题和他的竞争解决方案来定义的。在商业中，这意味着其他产品。在科学中，这意味着其他的理论。在娱乐中，这意味着其他表演者。对于爱迪生来说，照明和安全是电灯的标准。他的比较是煤气灯、蜡烛和火光。对于史蒂夫·乔布斯来说，应用程序和可用性是个人计算机的标准。他的比较不是其他电脑，而是计算器、手表和立体声。对于奥普拉·温弗瑞（Oprah Winfrey）来说，娱乐性是她的脱口秀的标准。她的比较是肥皂剧、电视电影、小说，以及菲尔·唐纳修①。所以，判断之前，明智地选择你的参照物。

消极判断

如果你认为创意天才总是积极、乐观和鼓舞人心的，那么你可能遇不到这样的人。创新者是怀疑论者。创新史也可以很容易地被称为怀疑史。事实上，历史学家詹尼弗·迈克尔·赫奇特（Jennifer Michael Hecht）写了这样一本书，《怀疑：伟大的怀疑论者和他们的创新遗产，从苏格拉底与耶稣到托马斯·杰斐逊和艾米丽·狄金森》。赫奇特认为，没有怀疑和猜疑，是不可能进步的。积极的思维与满足的思维密切相关，和幸福的方式密切相关。我的金毛猎犬托比是一个非常积极的思想者，对事物的方式非常满意，但它并没有什么创意。另一方面，有效的思想家则是粗暴的评论家、怀疑者，擅长消极的判断。创造力扎根于不相信中。不要被"创造力专家"所说的消极思想破坏创造力所误导。实际上恰恰相反，没有消极的思维，创造力不可能存在。

① 美国电视脱口秀主持人，在奥普拉成名前，脱口秀节目是唐纳修的天下。

史蒂夫·乔布斯在 1997 年的《商业周刊》采访中就苹果公司的产品表示:"这些产品太糟糕了!他们都没有差异。"史蒂夫说话从不委婉含蓄,他才没有一直积极乐观向上。他会猛烈攻击周围的人和他们的想法,才不会考虑他们的感受。在会议上,他是亚历克斯·奥斯本提出的"头脑风暴"概念的反面人物。他对一个新想法的典型回应是"那就是狗屁"。在苹果公司有一个笑话,就是绝不要在乘电梯时和史蒂夫讨论想法,因为在你到达楼层时,探讨工作的时机并不是很好。在乔布斯离开苹果十年后,重新回到公司董事会,员工都选择爬楼梯。那些自我很脆弱的人都不会在这里工作。要么也做不长。

然而,2008 年,《时代》杂志的编辑把史蒂夫·乔布斯称为全球最有影响力的思想家之一。据他们说,乔布斯改变了世界。他们说:"乔布斯多变,极端利己,又事必躬亲。如果听起来有点像 CEO 在工作,也许是因为他就是 CEO,一个非常棒的 CEO。"他的热销传记被写上"商业史上最漂亮的回马枪(The Greatest Second Act)"。他有一种天生的感觉,能够吸引消费者。就是这个人创造了 Macintosh、iPod、iTunes、iPhone 和皮克斯的《玩具总动员》系列。他一眼就能识别好的主意。他的创意直觉已经调整得非常好,他对他人、地方和事物总是带着批判的眼光。

实际上,我们大多数人一样,像史蒂夫一样,消极的思考是自然而然的,尽管你已经受过文化训练来避免它,并且让自己保持积极。这在某种程度上是由于你的头脑的连线方式决定的。你天生就是悲观主义者,因为你是消极思想家的后裔;这是争取生存的重要特征。偏执狂幸存下来,那个判断沙沙作响声是剑齿虎的人幸存下来了,而不是那个把风中摇摆的景象当美景欣赏的人。消极就藏匿在你的基因,所以你可以有效地使用它。判断天生就只与负面有关。如果我的女朋友黛博拉形容我"苛刻批判",她是在暗示我太消极了。

消极判断是有力的武器。记住,尼采说伟大的智者都是怀疑论者。不要害怕用强大的力量和精确性来使用消极武器。没有它,你的想法就像在广告业进行头脑风暴产生的想法那样无聊和无意义。毁灭是为了创造,或如毕加索所说的,"每一个创造的行为起初都是毁灭的行为。"这是自然规律。太浩湖森林里有大量的生命,正在从事各种各样的创作和破坏生活。老树死亡,为新树腾出空间。红杉国家公园(太浩湖南部几百公里)的巨型森林虽然美丽,但新生命却不及前者丰富。古老的树木太老了,太大了,它们阻挡了太阳,使得年轻的树木变得很难长大,造成了一个荒凉的、没有新生命的森林。创造力要求死亡:一个旧想法的死亡。而且,它用消极的力量杀死它。正如太浩镇的死树一样,为新的树木提供空间和营养。

当你在分析创意时,问问自己这个想法的负面特点是什么。

现在还不是驳斥这个想法的时候,而是要找到明确的特点,然后保留它,用它解决问题。当你开始在第三步拓展你创造的比喻时,你要识别无用的部分。你可以使用消极的判断来识别这些部分,当这些构想不合事实就抛弃这个比喻。由于创造是从借用的组件中构建解决方案,所以清理那些不起作用的零件。将它们隔离并放入"弱点"那一列中,以便稍后再回来去处理掉它们。明确问题,保持冷静。这是一个技术问题,不是情感问题。你的判断是基于你所建立的批判标准和你选择的参照物。换句话说,你的判断是基于你在"借用创意"第一步所识别的问题之上。

想象一下井深大在1978年发明了索尼随身听的第一个原型时的样子。当时他要解决的问题是个人娱乐系统。当他的工程师第一次向他展示一个巨大笨拙的模型时,他被吓到了。他厌恶地摇摇头。仔细检查后,他发现这个模型还包含"录音"元素。这并不奇怪,因为这名工程师在公司的录音部门工作。但是井深大找到了这个产品的不同点,他的主要标准是"小"和"高保真"。当井深大戴上"消极"帽子时,哪些零件无助于这些属性就显而易见了。他正在将他的新产品与晶体管收音机或廉价商店里的口袋书相比较。确定了这个问题,他对工程师进行了惩罚,并要求他们删除"录音"元素。

史蒂夫·乔布斯对苹果的产品设计师和工程师的批判更

加严苛。"简直就是狗屎！"这句是史蒂夫经常说的话。他对Macintosh 有清晰的看法，知道它要解决什么问题。他拒绝任何无助于解决问题的元素，不论大小。他炸掉了早期的 Mac 原型。据作家杰夫·杨（Bill Young）和比尔·西蒙（Bill Simon）称，在传记中乔布斯被称为偶像，"有一天，史蒂夫参与了电话簿的设计大会，把它扔在桌子上。'Macintosh 大到不能再大了。都找不到机器来生产它。如果太大，消费者不会埋单的'。"

"嘿，还有一点，"他走出去之前轻轻地说，"我厌倦了所有的方的、又矮又胖的电脑，像个盒子。为什么我们不能建立一个更高的，而不是更宽的？想想吧。"

与他的竞争对手不同，乔布斯不仅用电脑做参照物。他还使用立体声、精美的手表、绘图板、台式机和日本艺术品来批判他的产品。杨和西蒙说："让团队感觉这份工作令人沮丧的，是史蒂夫对项目世界的掌控能力。他是多维度的微观型经理人。他对最小的物品都很在意。最终的结果当然会更好，然而，路径是曲折的。"他通过苛刻的判断来控制自己的视野和产品的演变。

当然，我并不主张为了寻求创意而虐待你的商务合作伙伴。我只是用史蒂夫·乔布斯做一个明显的例子，来展示有效的消极思考。他做得很明显，他是一个有创造力的天才，一个创造性的榜样，一个拥有无可挑剔的判断力的人。然而，这并不意味着你需要变得残酷，变得难以相处。

我花了几年建设 Preferred Capital，我亲自培训了 500 多名销售人员。这是我的商业模式的关键部分，所以我开发了一个高度结构化的、非常成功的销售培训计划。虽然许多因素决定了销售代表的成功，但识别和克服异议的能力是最重要的，也是最容易被误解的。对于不熟悉销售的人来说，在试图关闭交易时，寻求反对意见的行为是有违直觉的。新的销售人员希望避免这种行为，不要找他们。但克服反对意见是销售环节的关键部分，销售人员已经开发出巧妙的技术来完成这件事。例如，试探性成交（trial close）可以用来判断反对意见，就像汽车销售员问"你想要什么颜色的普锐斯？"他没有下订单，他正在"试图"成交，让这次销售行为背负一些压力。

所以使用否定的判断就是像推销员一样思考，然后提问：这个想法有什么潜在的反对意见？想象在没有你的情况下你的想法如何在世界生存。人们会对它持什么样的反对意见？如果不知道有哪些反对意见，就不能克服这些问题，就像登山者不可能没看到悬崖就去丈量一座山，推销员不能在有反对意见时成交。每个想法都会遇到障碍；你需要弄清楚它们是什么，才能绕过它们。这就是为什么你需要在创作过程中做出消极判断。这就是为什么史蒂夫·乔布斯用"那是狗屎"作为防守手段的原因。

积极判断

负面的观点有助于识别障碍,但它需要和积极的观点调和,不然这些负面信息具有强大的破坏性。积极的判断决定了创意的力量。在森林里,只有老树的死亡才能为小树腾出空间。积极的判断为智慧的原材料成长提供了养分。乐观心态能让人抓住机会,找到通向山顶的明确道路。

尽管史蒂夫·乔布斯有时候会小气、悲观和破坏性,但在其他时候,他表现得相当乐观、自由、卓有成效。比如,他在描述一个新的操作系统时这样说:"我们让屏幕上的按钮看起来很不错,你甚至想要舔一舔它们。"杨和西蒙认为这是"史蒂夫·乔布斯的个性的惊人的矛盾"。其实这并不会让人多惊讶。每个创意天才都知道,总有一个观点能够把握未来发展前景的机会,它为创作带来了不同的智慧,乔布斯似乎是在潜意识里完成的。这就是他天性的一部分。于你我而言,却要努力为之,从我们的判断里故意地改变有利的观点。你会对自己说,好吧,现在让我们带上积极的帽子,看看这个想法有什么价值。在解决方案的迭代中,我可以使用哪个创意?如何生存下来?

苹果早期的营销经理特里普·霍金斯(Trip Hawkins)说:"史蒂夫的可怕之处在于他的远见。当史蒂夫相信一件事时,这种观念的力量可以直观地摆脱任何反对意见、问题或其他任何事物。它们不复存在。"换句话说，史蒂夫可以抓住一些东西，有时只是想法的冰山一角，用智慧把它们团结在一起，他会知道如何解决围绕在它周围的问题。他能看到积极的一面，也能在山的背面看到通往山顶的路。其他人会看到麻烦，而乔布斯却能看到或者感觉到解决问题的办法，所以苹果成功了。霍金斯说，因为"我们相信我们做的事情。关键是我们并不是在追逐利益。我们想要改变世界"。就像史蒂夫非常肯定地说："我们把它变得非常重要。让整个宇宙都为之注目。"

作为一个创新者，你需要开发一个类似矛盾的个性。这个矛盾让你面对各种观点，把你的解决方案放在各种智慧压力之下，就像测试工程师做的那样，为了找到优势和不足。永远保持消极，和永远保持乐观一样危险。这两样心态，你都需要。创意通过消除消极的一面、提升积极的一面而得到进化。你需要"骨子里深刻的矛盾"。

然而保持自己的心态很难。它不如保持消极那么自然。积极的判断需要想象力，让你从无价值的地方找到有价值的东西，就像雕塑家从一块粗糙的大理石里能看到一座雕像。米开朗基罗在创造他的杰作"彼得"之前，用这样的眼睛在食堂里发现了基督没有生命的身体。积极的判断是建设性的观点。

这并不容易。伟大的想法有时很难被发现。当达尔文发表了他的自然选择理论时，并没有登上《伦敦时报》的首页。事实上，在他第一次发表时，连英国皇家学会简报的首页也没有登上。他夹在报纸中间，淹没在早已灭绝的想法中，尽管达尔文已经是一位受人尊敬的自然主义者和著名作家。当然，这一切很快改变了，达尔文的理论在他的时代里变得众所周知。

与此同时，在奥地利，一个年轻的修道士单枪匹马地创造了遗传学，对进化生物学作出了同样重要的贡献。但他拼命挣扎着，却被完全忽视，在他所处的黑暗时代里死去了。几十年后，格雷戈·孟德尔的工作才被认为具有革命性和创造性的价值。没有人，甚至连孟德尔本人，也不了解他的想法的意义。看到一个想法的价值并不总是容易的。它需要一点积极的态度。

所以，当你分析创意时，问问这个想法的积极属性是什么？这和你喜不喜欢这个想法没有关系，和你是否接受这个想法也没有关系，这是在确定能够解决既定问题的显性特征。请记住，创作过程就是在组合不同组件来创建新结构。通过积极的态度，你能识别有助于实现目标的组件。把它们单拎出来，放在优点那一列，稍后再回来使用它们创建下一代解决方案。你不会在接下来的步骤里消除你的优势。确保你已经识别出它们。

把积极的态度当作寻找机会的手段。就像聪明的登山者会寻找障碍，可以在危险的地方寻找机会，找到一条开放的路径或者安全的路径。她会扫视上面的山路，寻找一个缺口，也许是山的缺口，也许是这座山的弱点。判断你的创意也是如此。即使这个想法本身并不值得实施，你也需要抓住这个想法中所存在的机会，主题中存在的机会。大多数想法都可能是另一个想法的种子，就藏在里面。对这个想法施加压力，观察它具备哪些实力。这个结构也许会失败，但其中某一部分是强壮的，可以用在其他的地方。那么这就是一个机会。比如，你可能会设计出一个造价昂贵的新产品，同样它的售价也很高。你不得不重新设计。在你重新开始之前，想想这个设计中哪一部分是成本较低的。如果有，把它用在你的下一个设计。换句话说，在抛弃旧想法之前，看看有哪些值得保留。

积极的思想是具有建设性的，因为它让可能变成现实，打开了一扇门。不过它本身是无效的，因为它助长了意识的野蛮生长。另一方面，消极思维虽然有助于找到反对的声音，明确障碍，确定陷阱，但它本身就会破坏创造性思维，因为它会令人沮丧。然而，总而言之，积极和消极的判断都是有价值的工具，为你指出另一条道路，发展你的想法，那是新的一扇门，也是帮你找到这扇门的墙。它们在"创造性辩论"中有效地聚在一起。

苏格拉底认为，老师提出一个概念，学生们对此进行了挑战，老师回答了这个挑战，这便是学习。老师和学生一起创造了学习。最终，老师对这个概念有更深的理解，如果他不能维护这个概念，便会抛弃它。在这个过程中，想法得到完善或者被新的想法取代。这就是苏格拉底法。现代课堂并没有采用这种方法，但是你可以在创作过程中使用这个辩论形式。事实上，在商业或任何需要创造性协作的领域，辩论可以组合正面和负面观点。你可以攻击别人的观点，捍卫你的想法。你也可以丢弃那些无法捍卫的想法，或者那些想法的一部分。你还可以提出值得捍卫的想法，或者这些想法的一部分。

"史蒂夫·乔布斯喜欢有胆量的人站在他面前，"他的传记作家杨和西蒙说，"但是他有一个非常严格的限制：这只适用于他所尊重的人，真正做出了贡献的人，在某些方面可以平等对待的人。"简单地说，这意味着人们可以通过逻辑辩论，用证据捍卫自己主张，也可以维护相反的立场。在苹果公司，没有明确立场的反对意见，等同于事业上的自杀。

作为一个创新者，你通过逻辑和证据来发展这些技能，不是为了赢得争论，而是为了提升自己的想法，发展它们，完善它们，或放弃不能捍卫的想法。辩论增添了思考的深度，这里是积极和消极观点的完美场所和聚会场所。正式的辩论包括四件事：一个命题(你的想法)；问题(未经证实的主张)；争论(有逻辑支持的主张)；证据（用于证明主张的事实）。理解这些事物，就能发展创意的结构。问问自己，哪些问题、论据和证据可以支持我的想法？然后提问，哪些问题、论点和证据会破坏我的想法的可行性？回答这些问题，你就能找到想法的优点和缺点。创意辩论是一种思考方式，不一定是特别正式的行为，和苹果公司一样，微软也鼓励辩论。在盖茨的传记《艰苦创业》（*Hard Drive*）中，作者说："……人们期望能够挑战盖茨。事实上，他希望人们与他争辩。他冲突性的管理有助于微软保持优势，保持精神上的韧性。让那些为他工作的人可以全面思考问题。这些品质让微软公司至今仍然是佼佼者。这是一种文化，从来不会给员工自鸣得意的机会，因为他们如果这样做，有人就会挑战他们。如果有人提出令人信服的论据，盖茨从不害怕改变他的想法。"

史蒂夫·伍德（Steve Wood）是微软聘请的第一批程序员，他补充说："比尔不是教条主义者。他非常务实。在讨论问题的某一面时，十分健谈，非常有说服力，如果他发现自己犯错，过了一两天还会承认自己的错误，再继续讨论。拥有内心驱动力、坚韧不拔、创业素质的人，没有几个人能做到把自我放在一边。这是个罕见的特质。"你我都需要效仿这个特质。这是推动思想进化的唯一途径。

提醒一下。与某人争执并不意味着你的想法是正确的。胜利受逻辑和理性之外的因素的制约。史蒂夫·乔布斯凭借自己的声誉、地位和人格，能够在董事会会议、小组讨论或拉里·金[1]的节目中轻易地驳斥我的想法。同样,我的女儿可以在争论中用哭泣打败我。嗓门最大、哭喊得厉害的人,经常在辩论中胜利。所以请记住,不要因为你输了一场辩论,就觉得这个想法或其中一部分没有价值。

总而言之,通过利用积极和消极的判断和辩论过程,你可以分别确定想法的优点和缺点。这些相反的力量强化了你的想法,并可借以发展你的创造性直觉,发展完美解决方案,为你呈现一个只有优点没有缺点的想法。在我们更深入地探索直觉,然后总结本章之前,让我们快速地旅行,确保你朝着正确的方向前进。

情绪判断

在创意过程中所做的一切都是基于你的问题。一旦在第一步给出定义,问题会为你绘制一张地图。在第二步,我们可以用这张地图寻找借来的原材料,构建想法。第三步,问题可以黏合两个想法,为解决方案搭建比喻结构。在这一步中,这个问题提供了判断想法的标准和比较。但问题是难以捉摸的。你可能在第一步中错误地定义了它,你所做的一切都是不合理的。所以,我在创意过程中开发了一个检测点,这是一个快速测试,

---

[1] 美国家喻户晓的主持人,有"世界最负盛名的王牌主持人"之称。

以确保你的路径正确。我称之为"情感判断"。

积极和消极的判断都是有意识的观点。换句话说，在你通过积极的判断之前，你有意识地把自己置于一个乐观的心态，描述这个想法是如何完美解决已识别的问题。用消极的判断，你问自己为什么不能有效解决问题。那么你和自己或其他人辩论，同时采取积极和消极的立场。把这些对话沉浸在逻辑、理性和坚实的证据之中。这个辩论会导致对这个想法的一些总体看法。积极或消极的判断将占据主导地位。总的来说，这个想法不是好的，就是坏的。它"需要大量的工作"，或者"天生就在那里"。这种预判是逻辑和理性的结果，所以我称之为"逻辑意义"。

现在，在你进入下一步之前，在你开始强化或改进这个想法之前，你需要脱掉你的逻辑帽子，带入你的情绪。逻辑的帽子，积极/消极的帽子，需要以铁一般的事实和数字的形式提供完善的论据和证据。相比之下，情感帽子不需要任何论据，没有证据，也不需要坚定的事实支持。情感帽子是基于一个非常简单的问题：你"感觉"这个想法如何？

情感观点是潜意识的观点。换句话说，当你问自己感觉如何时，你正在把这个问题提交给影子自我。你要求潜意识对这个想法做出判断，并以感觉的形式回答你。请记住，情绪是潜意识的语言。因此，使用前面章节提到的方法，应该在提问之后、思考之前插入一个短暂的停顿。你要清理那些带着深刻凹槽的思绪，不管是积极还是消极的辩论挖出来的深刻凹槽，因为如果你不小心，它们会影响潜意识。这就是为什么我想插入小段时间的停顿，将情感判断与逻辑判断分开。答案也是积极的感觉，或者是消极的感觉，或者是无动于衷的感觉。这就是我的"情感意见"。

之后，我就把这种感觉，我的情感观点，与通过正面和负面判断的逻辑观点进行比较。如果它们彼此一致，我会得出"我是正确的"结论。然而，如果它们彼此不一致，一个积极的和一个负面的，那么我遇到了麻烦，我得出结论，"我可能是错误的"。结果可能是，我解决了错误的问题，或者我的想法可能会建立在沙子的基础上。

让我用一个实际的例子来解释这个过程。开展 TurboTax 直接营销计划时，汤姆让我检查一下他的营销部门和广告公司正在建设的新广告计划。汤姆正要推出 TurboTax 历史上的第一款电视广告，超过 3 000 万美元的投资。他想要我说说对这次广告的看法。他需要所有人的意见，所以，我们挤进一个会议室，广告公司使用故事板，并表演了不同的方案，提供了六种不同的广告。每个广告都非常聪明、有趣。你能从中看出一个世界级广告公司的策划水平和 TurboTax 的高净值品牌。每个广告都与我们提供的营销大纲一致。简要描述了目标客户、我们在市场上的地位、产品功能和使用我们产品能带来的好处。我们产品的主要特点是准确性。毕竟，它是一款税务软件。当广告代理公司做好设计后，他们要求我们为广告打分，之后我们要为选择的广告支付 3 000 万美元。

当我们进入会议室，每个高管有一个深思熟虑的，合乎逻辑的理由，告诉大家他或她为什么喜欢这个广告胜过其他广告。通过营销大纲作为判断广告的标准，高管们和自己辩论，和广告公司的人辩论，讨论着某一个特定的广告。每个人似乎喜欢第二个。最后，轮到我投出关键一票。

汤姆问我："戴夫，你一直很安静。你怎么看？你最喜欢哪个广告，为什么？"

"我不喜欢任何一个，"我说。房间沉默了，每个人都看向我。

"好的，"汤姆说，"那么，问题在哪呢？"

"我不知道。我只是感觉不对，"我回答。通过营销大纲这个标准，广告设计得非常好，清晰巧妙地表明了我们的立场，能实现的最大价值。事实上，使用逻辑和理由分析，我得出了与组织中其他人相同的结论，并认为第二个广告是最好的。但我的情感观点与我的逻辑观点不同。我的情感并不喜欢任何一种。

"你能更具体点吗？"汤姆问。

"我不知道，汤姆。确实存在问题，但我不能十分清楚地指出究竟哪里不对，"我的回答让广告公司和其他一些高管觉得有些恼怒。不过没关系。我只是一个直接营销计划的顾问，在房间里还有更重要的人，包括Intuit董事会成员。会议继续进行，广告公司被告知采纳第二个广告，但是根据小组的辩论需要进行一些调整和变化。我回到我的办公室。

我一整个下午都在想。当我坐下来思考，终于找到问题所在。不是我不喜欢这个广告。它很好。是营销大纲和主要特征的指定——"准确性"——是我的消极情绪的根源。它存在于每一个广告中，因为这是我们向广告代理商指定的方向。所以我问汤姆为什么选择"准确性"作为商业的主要属性。他告诉我去找研究部门。他们向我展示了大量的数据。调查、焦点小组和客户采访，他们都认为"准确性"是税务软件计划中用户期望的首要特征。它的排名高于简单性、可用性和使用速度。我记得，准确性指标得分更高。

"哈哈，"我更深入地看了数据。然后回去找汤姆。

"你正在解决错误的问题，"我跟他说。

"你是什么意思？"他问。

我说："首先，据我观察，你们的调查、焦点小组或访谈都是在问客户使用的什么功能能让他们做出购买的决定。"他们都被要求排列税务软件的重要特征，而不是什么特征影响他们购买。这就像要求食客排列一家不错的餐厅的重要特点。我相信厨房的"清洁"非常非常重要，也许能排在第一的位置。但我不会围绕它来设计我的广告计划。很少有人会根据健康检查员报告来做出用餐决定。他们期待一个干净的厨房，但是一个打广告说自己厨房很干净的餐厅却让人怀疑。

我继续告诉汤姆，税务软件的准确性就像精致的餐厅的整洁性。我能预料到人们对它的期望，但是如果我们为此打广告，我们可能会摧毁这个期望。研究部门的后续调查证实了我的预感。因此，TurboTax 降低了所有广告中的"准确性"功能，专注于速度和简单性。

我不喜欢广告的原因是因为它解决了错误的问题。我的逻辑观点告诉我，广告非常好，符合我们的营销大纲。然而，我的情感观点告诉我完全不同的东西。当这种情况发生时，我发现这通常意味着我错误地定义了问题。TurboTax 广告是建立在沙子的基础上的。

我也发现，表达我的情感意见可能会导致群体的不适，特别是在商务领域。商业更多的是基于逻辑，而不是感觉。所以如果不了解背后的逻辑，很难表达它们。当我告诉 Intuit 的高管，我不喜欢这个想法，但不知道为什么时，他们驳斥了这个意见，因为它没有逻辑和理性的支持。有几个人翻白眼表示不满。

所以，我使用一种"蜘蛛侠"的装备来介绍我的情感观点。

这就像使用"魔鬼代言人"来进行消极的判断。现在,交易变成了这样。

"我不喜欢这个想法。"

"为什么?"

"我的蜘蛛侠第六感告诉我,我们正在用错误的方式思考问题。"

令我惊讶的是,这样居然有效。用简单的介绍,同样没有逻辑和理性,我的感觉更容易被接受。每个人都意识到我还没有完全形成我的意见,有一个尚未被发现的问题,而且我表达出来需要花更多的时间。我感受到了不舒服的情绪。

使用它,把你的情绪视为"蜘蛛侠"的第六感。漫画书中的人物超级英雄蜘蛛侠是彼得·帕克(Peter Parker)的另一个自我,他被放射性蜘蛛咬伤,获得蜘蛛般的属性,例如攀爬墙壁和发射蜘蛛网。他有更高级别的感觉,能感觉到环境模式的轻微变化,比如罪犯在隐藏的屋子里造成的空气压力的轻微变化;他的蜘蛛侠第六感能告诉他哪里出问题了。他可以感知和预测危险,不需要逻辑和理由。当然,这是情感判断的一个很好比喻,因为它可以提高意识的感觉。感受想法中的危险或者感受到思维中的不一致,这种能力是创新者的有力工具。你需要花很多时间在问题的基础上构建解决方案,所以你需要定期检查,确保这个基础是牢靠的。

直觉是判断的结果

现在你已经知道什么是积极的、消极和情感的判断,你已准备好继续下一步了,准备好通过消除弱点和发挥优势来进化想法。当你进入这个阶段,你会获得一种更精细的创意直觉。你的积极和消极的评估造就了这种智慧。直觉是判断的伟大副作用。

1979 年,根据传言,还有杨和西蒙的记载,史蒂夫·乔布斯和其他六名苹果员工访问了高度机密的施乐帕洛阿尔托研究中心(PARC)。这里是先进的计算机技术研究的前沿,而苹果公司只是一个初创企业,依靠一些简单的产品吸引着抽大麻的嬉皮士客户群体。据 PARC 科学家拉里·特斯勒(Larry Tessler)介绍,他认为"这些人就是黑客,他们并不了解计算机科学。他们不会真的明白我们在做什么,只是看到有漂亮的东西在屏幕上跳舞"。

然而,特斯勒见证了相反的一面。苹果团队的人十分认真。他们提了非常棒的问题,轻易地抓住了答案背后的概念。特斯勒说:"乔布斯在房间来回踱步,一路小跳,他非常兴奋。"

"当他开始观看我在屏幕上做的事情,看了大约一分钟,然后他在房间里跳起来,大声喊道:'你为什么不这样做?这是最伟大的事!这是革命性的。'"特斯勒解释说。史蒂夫正在看的是一个带有指针的屏幕，用户可以操纵它来选择指示屏幕上的对象，它们代表了不同的任务。史蒂夫观看的正是鼠标的原型，桌面图标是软件设计者称之为图形用户界面（GUI）。运营商可以同时打开不同的程序，使用不同的"窗口（windows）"。鼠标不是什么新鲜事，十多年前就已经开发出来了。屏幕上的图形不是新的，而且也没有多个程序操作。新鲜之处在于，让所有的元素一起工作，让这些组合相互补充，创造了一个全新的计算机用户体验。

特斯勒说："没有哪一个看过演示的人会如此关心细节。为什么这个图案会在窗口的标题里？为什么弹出的菜单按照它们的方式表现。"他继续说，"令我印象深刻的是，他们提出的问题比我在施乐七年听到的都要更好。任何人、施乐员工、访客、大学教授、学生。他们的问题表明，他们了解所有的含义，他们也理解了微妙之处。在演示结束之前，我相信我会离开施乐，去苹果公司工作。"这也正是他所做的。

这个故事展现了创意直觉。拉里·特斯勒曾向数百人做了同样的演示，那些人都是非常聪明的人。但是，只有一位 25 岁的企业家看到了这种技术组合的革命性潜力。对于我们来说，为什么史蒂夫·乔布斯有这样的创造性直觉，而其他几百号看过相同演示的人不具备这样的直觉？

我相信，答案在于杨和西蒙所说的"史蒂夫·乔布斯性格中的惊人矛盾"。他强大的判断,不论是积极的还是消极的,都创造了一个完美解决方案的愿景:它具有"这些优势"(得益于他积极的个性),没有"那些弱点"(得益于他消极的个性)。当他看到施乐的演示时,他认为它是他领导的个人电脑革命的完美解决方案。它具有必要的优势(使用简单、直观和有趣的交互),并且不存在巨大的缺陷(必须记住隐藏命令来操作计算机)。你看,比起大多数看过特斯勒演示的人,史蒂夫正在解决一个不同的问题。他想让电脑易于使用,让大众可以使用它们,使它们"个人化"。他对计算机的强大判断,使用这个标准,让他认识到命令导向的操作带来的问题。其他人没有看到这是一个问题,因为他们大多是程序员,能够记住命令。普通用户却不能。史蒂夫不知道如何解决这个问题,但他直觉或潜意识里清楚地了解这一点。所以当他看到鼠标和 GUI 时,他说,"就是这样。这是解决问题的办法!"

对于史蒂夫·乔布斯来说,这是一种天生的能力。这是他性格的一部分。他潜意识里,在积极判断、消极判断和情感判断之间转移,并创造了对问题及其解决方案的敏锐意识。当他看到这个东西,就能识别它的好赖。他对 iPod 也做了同样的事情。他没有发明 MP3 播放器,它们早已存在了。他所做的是将它们与在线购物体验 iTunes 结合起来,从而创造出一个如此简单而又强大无比的无缝体验,改变了我们与音乐互动的方式。

他和皮克斯做了同样的事情。他没有创造技术，乔治·卢卡斯和他的团队这样做了。不过，他感受到了皮克斯软件的革命性，结合了一位世界级的说书人，这个人就是约翰·拉塞特（皮克斯的首席创意官）。乔布斯投资不到1 000万美元购买了这个公司，几年后，他转过身来，通过IPO，卖出了数十亿美元。他个性的这些相互矛盾的因素让他磨炼了自己的创造性直觉，不断创新，在宇宙中刻下了更多的"烙印"。

你和我也许永远不会在宇宙中刻下"烙印"。我们永远都不会拥有和史蒂夫·乔布斯相同的创意意识，但是我们可以发展自己的直觉。即使你不能获得像他那样的天赋，你也可以模拟他的思维方式，像他一样思考问题。你可以通过有意识的设想不同的观点，来采纳这些矛盾的性格，那就是波诺所说的"思考帽"。

在《借用创意》最后一章，你会产生许多不同的想法，为他们施加不同的负载，积极的也好，消极的也罢，它们都能够帮你建立一个详尽的列表，记录一个完美的解决方案所具备的积极属性和消极属性。你的想法越多，做出的判断就越多，你的直觉就会被调整得越来越准确。最终，你会变得更像史蒂夫·乔布斯，当你看一个主意时，就能判断出它的价值。或者，更重要的是，你将知道去哪里寻找解决方案所需的组件。正如乔纳斯·萨尔克所说，直觉将告诉创意思维者下一步的方向。

创造性的直觉并不像看起来那么神奇。这只是一个用积极和消极判断来分析创意的副产品。

我从来不喜欢头脑风暴的过程，现在我知道为什么。它消除了判断，只会产生愚蠢、轻松、无用的想法。我已经意识到，没有怀疑和消极的想法，创意过程注定要失败。这和我曾经的认识相反。我需要测试我的想法，就像测试航天器一样。我也意识到，是判断创造了直觉，帮我找到借用的创意组合。

我开始明白这件事。

长途跋涉的第五步

汤姆说他在 Intuit 为我准备了一个职位。尽管在小企业的创业世界里我被打脸了，但我仍觉得那里是我的地盘。我喜欢为自己工作，实践自己的想法，看看能不能让他们发生。我无法想象每天早晨去上班，希望在年底能够赚到我的奖金。疲于回复老板。或者在华尔街奔走。

"你会成为创新部门的头儿，"他告诉我。

"嗯，有意思，"我想。我问道，"这是什么意思？"

"你会是公司的创意使者。你会想出新的创意，并帮助别人提出想法，"他说。

我从来没有听说过这样的事情。汤姆告诉我，Intuit 的创始人斯科特·库克在公司担任过这个角色，现在想要发展新人。他想要建立一个创新部门，把一批致力于思考和推动创新的人放进组织。他想知道我是否感兴趣。我说是。这听起来很酷。

所以我坐下来和斯科特谈了谈话。他熟悉 TurboTax MyCD 程序。他告诉我他很喜欢这样一个简单的想法，他说，嗯，很明显，但这之前没有人想过这么做。

"你怎么想到的？"他问。

我告诉他这个故事。如何定义问题，如何收集材料，如何排列组合。当我爬上圣哈辛托的时候，它怎么突然进入我的大脑的。我也告诉他我怎么认识的汤姆。我如何开办自己的公司，如何使它成长，汤姆如何为我开价 2 500 万美元。银行又如何为我开价 5 000 万美元。我如何拿到银行的报价，之后银行如何破产，我如何破产，我最终如何隐藏在亚利桑那州坦佩的一个小公寓里。不过我没告诉他我曾经是个酒鬼，他自己可以判断我是不是真的这样。

"哇，"他说。"那真是个好故事。你应该写一本书。"

"对，对，"我回答。

于是我成为 Intuit 创新的负责人。我的工作是提出新的想法，并帮助别人想出办法。我为 Intuit 员工创建了一系列演示文稿——创新培训计划。我的工作是思考如何思考，并拿到我的酬劳，我喜欢它。我把创意作为一个主题去学习了解。我和斯科特谈话，与汤姆谈话。我检查自己的想法，检查别人的想法。我更加关注牛顿和达尔文，寻找他们创意过程中的线索。我开始开发思维工具，借用了丹·诺曼《设计心理学》一书中的概念。它们是精神文物，可以增强人的创造力。我向 Intuit 员工教授这些工具，反过来他们教我更多。当我获取这些工具时，我会不断地对它进行排序和分组。

一年过去了汤姆和我成了朋友。他问我是否有兴趣再次创办一家公司。我说我会的。"我也是，"他说。"我们应该开始寻找一些机会。开办新公司的想法。"他说。

"其实，"我说，"我一直在考虑一个很好的机会。"

"真的吗？是什么？"他问。

我告诉他我看到的机会。他笑了。他告诉我他在想同样的事情。我们约定稍后再谈一谈。

06

第六步：提升

校正每次的失误，你会愈借愈神准

时间回到两年前，我在 5 200 米的高处，惠特尼峰的登山者滑槽（Mountaineers Chute）的顶部，那是美国大陆上最高的山。在我的下方是欧文斯河谷，这个大陆最深的山谷，下一个山脊是死亡谷，是这片大陆的最低点。这里到处都是极端之地。我距离峰顶只有一百余米，但我遇到一个问题。我迷路了。

塞拉俱乐部创始人约翰·穆尔（John Muir）是第一个爬上惠特尼峰东部悬崖的人，我沿用了同样的路线行进。这一刻我觉得他真是个疯子。这里太恐怖了。只有裸露的岩石，没有一丝遮挡物，山峰夹着山谷，峡谷傍着悬崖。我刚刚翻过一个 600 米的峡谷，一个凹槽，它长得像惠特尼峰前脸上的疤痕。地图告诉我，穿过滑道顶部的凹口，向左转，然后沿着北坡向上爬即可到达山顶。我照做了，但是当我抬头看时，我的心都凉了。路线一定不对。这么陡，太可怕了。而且完全暴露在太阳底下。我身下300米的地方，什么都没有，可以一步摔到谷底。简直胡扯，我想对自己说。我只好停留在原地等朋友过来。

迈尔斯是第一个，下一个是瑞恩，然后是迈克。迈尔斯抬头笑了起来。他的眼睛里露着疯狂的样子。瑞恩抬起头来，嘟哝道："这份指南简直胡说八道。"他生气了。迈克没有抬头，也没有说话。他太累了，无暇顾及脚下的路。

"你们觉得怎么样？"我问。

"我相信我们能爬到顶峰，"迈尔斯说。

"我想我们需要绳索和头盔，"瑞恩说。他往上指了指。大约30米上面是另一个登山队。他们有绳索和头盔。看起来他们也不确定能不能登顶。

"我们不需要任何臭烘烘的绳索！"迈尔斯说，"只要不要往下看。不要跌倒！来吧。伙计们走吧！"

迈尔斯就是那个和我谈起过攀登麦金利山的朋友。也是这个朋友，告诉我在哥斯达黎加的女巫岩穿过一个鳄鱼泛滥的河口。但是他没能干掉我，不是因为缺乏尝试。当然，他希望我带领我们登顶，因为我一整年都在练习攀岩课程。

我开始沿着一个宽阔的岩崖走去，寻找可以攀登的地方，试图挑选一条路线，一个能通往山顶的安全通道。我还没有找到这样的路，所以我选择继续前进。经过一百多米的岩崖，前面突然没路了。我在一个致命的悬崖上，所以我转身开始登山。我不知道这是不是约翰·穆尔走过的路。我不确定我是不是在正确的路途上。

起初，爬坡很简单，我还能找到大量的扶手和立足点。我感觉很好。攀岩课给了我信心。另一方面，瑞恩和迈克正在努力爬着，我不确定他们行不行。我认为这不是一个学习攀岩的好地方，特别是没有绳索。迈尔斯又笑了。然后我陷入了第一个死胡同。我已经爬过一个凹槽，陡峭岩石上的一块平坦之地，这里太陡峭了，没有可以借用的工具。在这里摔倒意味着死亡。我被卡住了。我爬到下面的一个平台上。我需要尝试另一条路线。我肯定偏航了。

我以不同的方式再次启动。我向上推进，然后，祸不单行，我站的小石头有点松动。我要摔倒了，还好我抓住了我头顶上的岩石。我够到了另一块岩石，试试它，也是松动的。真要命，我心里想。在这里的一切都裸露在外面①，真糟糕，我也不能相信现在站着的这块岩石，它很软，也开始松动了，我给下面的朋友身上放了"炸弹"。我听到瑞恩在我下面说话，但我看不见他。我取出一块松动的岩石，把它踢下去然后听声音，结果

---

① 没有植被覆盖的裸露岩石有风化松动的风险，一般不宜选做登山路线。

什么都没听见。我都听不到它落地。这真是太糟糕了。

我一直在向上爬。这个节骨眼上我没有别的办法。然而，我再次发现自己被困在这个凹槽里，无路可去，就像一个在迷宫里寻找奶酪的实验室老鼠。只有死路一条。我必须往下爬，寻找另一条路。就像潘神的迷宫。往上爬，卡住了。往下爬，岩石会砸到我的朋友。再往上，又被卡住了。我再次陷入困境，这是个死循环。我很累，很害怕。迈尔斯不再笑了。我们都很累，很害怕。我们输了。我知道我们偏航了。

最后，我找到了一条路，离峰顶只有 12 米。我听到上面有人在笑。在吃午餐。但我被困住了。有一块坚实的墙壁堵住我的路。我歪着身子，看到了一片空旷的地方。往北 30 米有个可以休息的缺口，它是这条路的突破口，一扇通往山顶的门。唯一的问题是我必须穿过一个小的壁架才能到达目的地，这条路只有我的拳头宽。我不敢相信岩石。好吧。我不得不走这条路。我们已经偏航了。这条路不在指南中。我选择前进。

几分钟后，我到了山顶。我向下看，向迈尔斯、瑞恩和迈克大喊。我告诉他们往左走，再往右走。从这里很容易看到正确的路线。很容易看到我试图让我们登上来时所犯的所有错误。

几分钟后，我探着身子，把手递给迈尔斯，把他拉到山顶平坦的地方。他看着我，笑着说："约翰·穆雷抓到他的坚果了！"

两年后，当我在 Intuit 创建创新培训计划时，这个故事引起了我的注意。首席执行官史蒂夫·贝内特（Steve Bennett）是通用电气高管出身，精通六西格玛和流程管理。他希望开发出循序渐进的业务创新程序。所以我问自己：构建创意的步骤是什么？在获得答案之前，这个故事出现在我的头脑里。这不难解释。我的影子说，创作过程就像爬上惠特尼峰的 Mountaineers Chute，这是一个试错的问题。创业存在于你的想象中，像寻找山顶一样，探路是危险的，处处是失败的陷阱。这不是贝内特想要的答案，所以我给他一个六步的过程。他喜欢它，尽管第六步是在重复前五个步骤，它修复或增强了初始步骤中的想法。

当然，我应该为误导你而道歉，就像我误导了贝内特一样。创作过程并不是六步，它实际上是一个自组织过程，一个偶然的过程，比直线路径更曲折。它以这种方式工作，因为这是所有有机系统构建事物的方式，也是构建思想、完成自己的设计的方式，因为它是生物学线性进化所固有的。

左脑思维

1963 年，加州理工学院的一位年轻大学教授开始对六位癫痫患者进行一系列实验，他们都经历过根治性脑部手术，希望能够缓解难治的严重癫痫发作。这种手术切断了胼胝体，这里有大脑右半球与左半球之间神经的密集连接。罗杰·斯佩里（Roger Sperry）让这些患者执行简单的任务，比如命名对象或将事物分组，同时覆盖右眼，然后切换过来，覆盖左眼。由于右眼连接到大脑的左半部分，左眼连接到右脑，斯佩里发现某些任务只能由左脑进行，某些任务只能由右脑执行。1981年，他凭此发现获得了诺贝尔奖。

虽然不是绝对的，但斯佩里发现，左半球专门从事语言、数学和分类等逻辑性任务，而右半球则执行整体任务，如确定形状、图案和空间感知。换句话说，左脑会把东西分开，感觉部分；右脑会把它们放在一起，感觉整体。如果你是右撇子，就像大多数人一样，那么你就被左脑控制了。你擅长把东西分开，却不擅长把东西放在一起整体考虑。你生活在一个以左脑思维为主的世界，一个细节的世界。

想象一下有人要你设计和建造一个地球轨道的空间站。你从哪里开始？这是约翰逊航天中心在1985年对我的老板鲍勃·佩德里亚（Bob Pedralia）所提的问题。我们所经历的回答过程，主要是左脑思维。鲍勃做的第一件事就是把概念打破成组成部分，把它分解成零件。我记得它们是：结构、导航、推进、生命支持、能量和居住。每一部分都交给一个独立的团队。每个团队又将他们的任务分解得更细，如碎片一般。例如，结构团队将其分为桁架结构、模块结构和对接结构。桁架结构分为几何、材料和紧固件。紧固件又分为焊接、螺栓、螺钉和螺母。每一件都是如此。

创造性思维需要左脑思考，因为一个想法的构建是组合借用的零件，形成新解决方案。你需要左脑分解思维来感知这些零件。大多数人都很擅长这样。整个教育制度是基于左脑思维而设计的。这是一个细节的世界。

但是，过于极端，你就会迷失在细节里，忽视了你的想法需要适应整个解决方案的整体结构。你会变得只见树木不见森林。反过来，如果你不学习每一颗橡子或每一片叶子，就不会知道你身处森林何处，甚至不知道森林的存在。当我沿着惠特尼峰的北坡向上攀爬时，我在评估周围的环境，关注着眼前的岩石。分解的想法本身是危险且无效的。它应该和整体思维并行。请用右脑去思考。

右脑思维

想象一下当你进入肯尼迪角的垂直装配大楼，看到一亿个机器、设备、小工具和散落在地板上的太空垃圾。有螺母、螺栓、钛梁、硅片、太阳能电池和 700 千米长的电线。细化到这种程度，你无法感知这些零件组合在一起后，会创建出一个怎样的地球轨道空间站,对你来说,这只是空间零件。如果你让我组装它们,我也不会有线索,哪怕是有蓝图,有工具,有大把时间。右脑思维,是集中性的思维,比左脑的分散思维要困难得多。把事情分开来比把它们放在一起更容易。感知一棵树,比在森林里发现一棵树,要更容易。

这并不意味着你不能成为一个右脑思考者。其实你本来就是。我们都有右脑,大多数人的右脑都工作得相当不错。你能感知天上的云朵是白色的漂浮的事物,不是冷凝的水滴,不是数十亿的悬浮冻结的水晶,不是组成云朵的碎片。你会感觉到整体,勾勒出它的形状,就像《指环王》里的龙或者《热情如火》里的玛丽莲·梦露。看着电视,你能感觉到图像,而不是小点,不是414 000个像素呈现红色、绿色或蓝色,不是构成屏幕的每一个碎片。你正使用右脑整体地观看这张照片。所以,你不是不知道如何使用你的右脑,只是你没有选择使用右脑,因为你接受了这样的教育:使用左脑思考更自然。人们相信右脑只是为了欣赏日落和彩虹。然而,创造性思维需要掌握右脑技能,能够看到这些片段如何组合在一起来解决问题,这是片段组成的整体形式。缺乏这种能力,你会迷失在细节里。

虽然沃尔特·迪士尼是左脑细节的大师,他用右脑的整体思维平衡了自身辉煌的创意。他从最高级别设计了整个迪士尼乐园,把它当作一部电影,顾客变成主演,员工变为群演,建筑物充当了电影布景。迪士尼乐园的创作使用了故事板，沃尔特利用右脑的整体观点来设想他的设计。在阿纳海姆的橙色树林破土动工之前，他能够把所有细节拼装在一起，想象它们拼成整体的华丽效果。沃尔特对整体和部分有完美的感知能力，这是他左脑和右脑的平衡。

没有左脑平衡，右脑思维会走向极端，会变得不切实际、不稳定和难以奏效。右脑是为了欣赏日落和彩虹的。纯粹的右脑思想者是哲学家、理想主义者和理论家，不可能以任何实际的方式运用他们的思想。右脑可以看到森林，但在走路时会碰到树木。创造性且富有成效的思想家，像迪士尼这样的人，能够平衡左右大脑，既能感知零件，又知道它们如何配合在一起形成整体。创新者是全脑使用者，他们的思维方式、创造方式，是一个自组织的过程。这是一个使用右脑和左脑技能的过程。

全脑思维与自组织

自然是伟大的建筑师，设计了进化过程，找到了完美的和谐。雨水落下，汇成溪流，雕刻出壮丽的峡谷，流向海洋，蒸发，形成云层，然后又一次开始下雨的旅程。每一次，都会把峡谷刻画得深一点。峡谷不是某个大人物的设计，它是自然而然的，是一个自己创造自己的过程。我们所知道的这个世界是以自己的方式形成的。它是自我组织的。它没有停下来。每天你都能看到它的发生。

英国工程师罗斯·阿什比（Ross Ashby）在1947年创造了自组织系统，并将其描述为不作为的职能，没有计划或目标；在这个过程中，组件相互作用，通过反复尝试找到平衡。例如，一群鸟按照人字形排列飞行。这是每只鸟的相互作用，每只鸟都紧随其后飞行，远离中心，自然地形成人字形。这不是一只领头鸟渴望创造出人字形的结果。相比之下，高中的行军乐队在足球场上形成了FIGHT这个词，是因为领导者指定了每个乐队成员站立的位置。鼓手站在四十码线旁边，挨着右边的散列符号（hash mark），组成F的一部分，而小号手站在五十码线上，挨着左边的散列符号，组成H的一部分。鸟是一个自组织系统，而乐队是行政命令形成的乐队。我们大多数人认为设计是有组织的，像一个行军乐队，或者出自建筑师的手，或者是上帝的工作方式，而不是自我组织，像一群鸟，像一条流动的溪流，以自然的方式。

理想情况下，自然是更好的建筑师，创造出完美平衡的设计，它是自组织过程的结果。人的心灵，本身就是这个过程的自然结果，它创造想法的过程也是一样的。它让想法组件进行交互，找到完美的和谐作品。这意味着使用右脑技能来感知整体，使用左脑技能来分析细节。这些作品提供积极和消极的反馈，找到二者平衡，自然地重建一个想法，用这些借来的碎片解决问题。创意思维是全脑思维的过程，它是自然发生的。这些片段通过相互作用形成一个整体，就像每只鸟在飞行时都知道跟随前者，稍微偏离中心，在天空中形成一个巨大的人字形。

当然，这就是理论。本书的步骤就是要把它变成现实。简单来说，你不知道你的想法是什么形式、什么形状。你需要用借来的想法组合起来，做出积极和消极的判断，发挥优势、弥补不足，形成新组合，重新定义，重新放置，重新构建，直到它以真正富有创意的解决方案的形式出现。你需要用左脑把问题分开，用右脑把问题合成。这就是本章所讨论的问题，通过自组织的过程提升你的想法。天才能在潜意识的影子里自然地完成这件事情。这是一种天赋，是河流形成的方式，是雷暴形成的方式。而你我不具备这样的天赋，这是有意识的魔法。我们步步为营，可以使之发生，让想法相互作用，而不是让它们用天才的处理方式，进入我们的潜意识。

天才的模拟

据《第五号屠宰场》（*Slaughterhouse-Five*）的作者库尔

特·冯内古特（Kurt Vonnegut）说，世界上有两种作家：空降兵（swoopers）和一锤定音的人（bashers）。他说，空降兵们写东西的速度很快且杂乱无章，不担心语法、结构，甚至都没把故事说清楚。对他们来说这都不重要，因为他们会回过头来艰难地改写、重组、替换掉无用的部分。而一锤定音的人每次只写一句话，确保完全正确才会写下一句话。当他们完成创作，就真的完成了。没有改写，没有重构，没有替换。一锤定音的人是天才。他能感知他的整体工作，即便他专注于每一句话的细节。他在创作时，就已经把它融合到整体里。冯内古特就是个一锤定音的人。而我是一个空降兵，当我迷失在每句话的细节里，就很难感觉到整体结构。这本书的初稿曾经被推翻过，然后经历了痛苦的改写和重组。无用的部分被取代。冯内古特是一个天才。而我不是，永远也不是。

但是，这并不意味着我无法创造。冯内古特潜意识里做的事情，我要靠意识完成。我需要更长时间，需要编辑，查看错误，并强化我的创意，直到它们接近天才们紧密构建的创作。天才能自然地完成，让想法在潜意识中实现自组织，而我必须依靠意识进行修正。即使我不具备这样的天赋，也能模仿一个天才的思路。你也可以这样做。

为了模仿天才的想法，我们需要放慢脚步并改变对主体的看法，关注细节，停下来提醒自己，这个细节如何适应主题的整体结构。就像攀登惠特尼峰一样。你只需专注双手，但每一次你抬头往上看，都要确定自己是否偏离航向，这样就不会迷失在面前岩石的细节里。然后你可以调整路径，回顾你的步骤，你必须这样做，同时保持前进，直到登上顶峰。空降兵可以像一锤定音者一样登顶，只是他们需要的时间更长。他们要试错，要调整。F·斯科特·菲茨杰拉德（F. Scott Fitzgerald）是一个空降兵，詹姆斯·米克内格（James Michener）对自己说："我不是一个很好的作家，但我是一个优秀的重写者。"第六章，和接下来的内容讨论的都是空降兵的做法。通过改写来修正、提升自己的想法。如果我们本身不具备这样的能力，还可以通过模仿天才，借来辉煌。正如拉尔夫·沃尔多·爱默生所说："天才连借鉴都是高尚的（Genius borrows nobly）。"

第六步是回到前面的步骤

确切地说，第六步是前面五个步骤的回归。它包括：重新定义问题；重新借用材料；重组结构；重新孵化解决方案；并重新判断。你会看到，每次你回到这些步骤时，你会更有洞察力，更有创意直觉。如图 3 所示，判断成为这个步骤中驱动过程的机制。事实上，判决最终成为这个过程的中心。

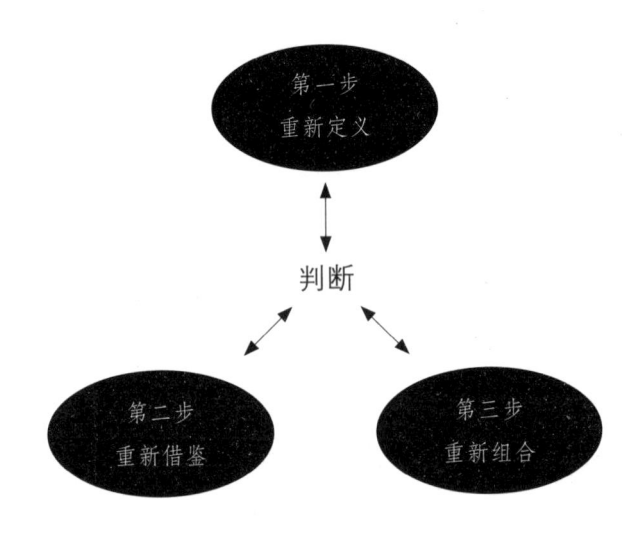

```
        第一步
       重新定义

         ↕
        判断
       ↙   ↘
   第二步      第三步
  重新借鉴    重新组合
```

图3：创新者使用判断来驱动这一过程，进行重新定义、重新借鉴和重新组合。

就像爬一座不熟悉的山，这就是在试错。你将使用前三个步骤构建一个新想法，让它孵化，然后对其进行判断。使用这种判断，你可以确定解决方案的优势和劣势，然后发挥优势并弥补不足。有时，你会成功定义问题，无须重新定义它。有时，你会专注于问题本身，努力把握它的真实性质。有时，你会把第二步中借用的组件完美地融合在一起。其他时候，你会回到这一步，寻找更合适的材料。有时你会找到一个完美的比喻来构建创意，不用去调整它。其他时候，当比喻延伸得不够好时，你会花大部分时间来调整它，直到它不再保留原来的形式。每次调整，你都会获得新的想法，它是上一个想法的孩子。每次调整，不论是增强或消除，都是想法进化过程中的一个步骤。有些调整是微不足道的，例如减去一个零件可以使这个想法更简单。其他的调整是巨大的，比如用你的创意来解决一个完全不同的问题。大多数时候会在两个极端之间。有时你会有意识地做出这一点，清楚每一次调整，其他时候你会回到第四步，让它再次孵化，在潜意识的影子下重新形成。随着这个想法的发展，你会用判断推动这个过程。在每个项目中，你会改变顺序，整个过程如同自然在创造峡谷，就像物种进化中的生存斗争。判断会告诉你要消除哪些不足，发挥哪些优点，以及下一步要回到哪个步骤来实现这些事情。

重新定义问题

创意过程中的一切都是基于对问题的定义。这是构建所有想法的基础。一个不合理的问题会导致一个不合理的解决方案。问题决定了我们需要收集哪些材料。问题用类似的比喻结合事物，构建解决方案。问题决定了判断和演变思想的标准。找错问题，所做的一切便是徒劳。所以，你需要定期回到"借用创意"的第一步，重新考虑问题。你解决了正确的问题吗？

你可以从不同的程度重新定义问题：以简单的方式完成，比如重述它；或以复杂的方式完成，比如决定解决一个完全不同的问题。创新者是灵活的思想家，他们不害怕推倒重来。无论是重述还是完全改变问题，你需要清楚你的选择——它不是刻在石头上的，如果你的基础建在不稳定的表面上，你的基础会移动。随着时间的推移，问题将会改变。有时变化会很微妙，有时会变得很激烈。

重新启动、重新表述对于解决新的想法，是有用的。因为问题的定义决定了解决问题的方式。定义不同，哪怕偏差一点，你都会以不同的方式解决。

亨利·福特用T型车解决了一个非常具体的问题，就是他所说的"生产世界上最便宜的汽车"。通用汽车公司首席执行官杜兰特从另一方面解释了这个问题，并将其重新定义为"一辆人们买得起的车"。两者有何区别？亨利·福特生产了一辆便宜的汽车。通用汽车公司生产了更多有趣的产品和更昂贵的产品，通过1919年建立GMAC来解决问题，GMAC是一个财务机构，所以人们可以每月支付你一笔费用。通过这种想法和其他方式，通用汽车公司最终超越了福特。

通常，改变对问题的看法，通常只需要改一改语法。所以使用文学技巧重新定义问题，例如用积极和消极的动词进行实验。例如，你可以积极地指出问题：如何提高员工的工作效率？

或者使用消极的表达陈述相同的问题：如何减少在产品上工作的时间？在这种情况下，积极的描述将重点放在工人和他如何做他的工作。它会带来更好的照明或不同工具的解决方案。消极的描述将重点放在任务上，导致机器人这样的解决方案，或将任务分解成更易于管理的模块。这在本质上是同样的问题，但是将观点从积极变成消极，从而改变了由此产生的解决方案。你还可以使用主动和被动语句。例如，你可以使用一个积极的问题：我的工作人员正在等待下一辆汽车下线。或使用被动的句式：生产线被放缓。积极的语句侧重于行动，比如"等待"，会产生消除等待的想法（如加快装配线）或要求工作人员在等待期间安排其他事情（如清洁他们的工具）。被动陈述将侧重于对象，比如装配线，解决方案是针对装配线的问题（如加快速度或重新安排组装顺序）。

接下来，不同程度的重新定义，是指从矩阵中选择一个不同的问题或者问题层级。这不仅仅是重新解决问题。它正在选择一个不同的，但是相关的问题。记住，中情局分析师摩根·琼斯说，解决问题最常见的错误是范围错误，解决了层次太高或太低的问题。为了解决这个问题，你构建了一个层次结构，然后决定了在这个层次结构中要解决的问题。所以，你需要定期返回，并重新排列矩阵中的其他问题。

例如，拉里和谢尔盖经常回到自己的问题矩阵，选择新的解决方案。他们上上下下地寻找。在他们开发页面排名算法和谷歌发布后的近十年，他们宣布将要扫描纽约公共图书馆的所有图书以及哈佛大学、斯坦福大学等几所大学的图书馆。有意思的是，这等于回到了拉里在读博期间研究的话题。这个较低级别的问题引导他们进入了较高级别的研究，即互联网搜索。在一篇新闻稿中，拉里表示："在我们创办谷歌之前，我们也梦想着制作出令人难以置信的广泛信息，图书馆员可以很好地组织在线搜索，"他补充说，"谷歌的使命是组织世界各地的信息，我们很高兴与图书馆合作，帮助这个使命成为现实。"换句话说，他正在定义一个低级别的问题，以及它与问题整体层级的关系。根据当时的拉里所说，谷歌的最高级别的问题是组织全世界的信息。谷歌通过解决贯穿整个问题层级的问题，保持继续创新。

但他们并没有停在那里。他们继续扩大问题层级，达到更高的水平。2004 年，拉里和谢尔盖在谷歌上市之前接受了《花花公子》杂志的采访。在访问期间，谢尔盖表示："最终你会想让整个世界的知识与你的大脑直接联系。"

"这是我们期待的吗？"《花花公子》的记者问道。

谢尔盖回答说："要尽可能接近这一点。""我们可以使搜索引擎变得更聪明。它会在哪里领先？谁知道呢？但是，我们可以想象一下这个巨大的跃迁，从图书馆的书堆里跳跃到谷歌猎取信息,从如今的搜索引擎跳跃到全球信息,仅仅是我们的想法之一。"

你在这里看到的是问题矩阵的扩展。几个月后,拉里加入进来并在斯坦福大学的演讲中说:"最终的搜索引擎可以像人类一样聪明,甚至更聪明……于我们而言研究搜索引擎就是在研究人工智能。"或者他在不同的采访中还提到了这样一种说法:"还有更令人激动的进步,你可以想象你的大脑被谷歌扩充。比如当你想到一些东西,你的手机会在耳边悄悄告诉你答案。"

然而,在某些时候,你将处于重新定义的阶段,你的问题脱离了问题矩阵,你开始用你的想法解决完全不同的问题。在《谷歌故事》一书中,作者大卫·怀斯(David Vise)引用拉里的话说:"为什么不改善大脑?也许在未来,我们可以附上一个新版的谷歌,插入你的大脑。"这显然是冒险进入一个新的领域,使用互联网搜索的解决方案来解决人类智力的问题。

他们能否成功还有待观察。然而,重新定义你的问题的最终方法,是使用现在的想法解决一个完全不同的问题,这也是思想家们实现伟大创新最成功的方法之一。寻找问题看上去是违反直觉的,但它在创新史上非常常见。比如留声机的发明历史后来成就了随身听和iPod,就是一个寻求解决问题的创意史。

故事始于1877年在新泽西州的门罗公园,托马斯·爱迪生实验室。这位门罗公园的巫师,已经小有名气,他正在为电报站的自动化研究中继设备。当时，一个电报信号可以沿着国家的铁路轨道穿过原始的接线系统，一口气穿过 64 公里。所以每 64 公里的地方都要建立一个中继站。中继站里有一名操作员，他们负责读取传入的点和破折号序列，手动记录下来，然后转过身来，并将它们重复一遍发送到下一站。爱迪生希望把这一过程自动化、自动记录电传打字机纸带的点和破折号，然后将胶带送入另一台机器，重新生成消息，并将其发送。这能取消操作员，从而消除操作员的错误。在试用原型时，他注意到了高速重播的点和破折号，听起来像人的声音。这让他很感兴趣。所以爱迪生放弃了他原来的问题，重新定义了它，并开始为不同目的——重现人声继续他的发明。

一开始的电报中继问题变成了一个声音记录的问题。他制作了一个带有隔膜的机器，它有一个压花点，当它移动通过机器时（类似于电报设计），就能在纸带上打点。在产品迭代中，他用锡箔包裹的金属圆筒代替了纸带。还添加了另一个隔板来录音。它的工作原理是：一个人对着话筒说话，声波会使隔板移动，这样就会移动针，在金属圆筒上形成凹痕。播放声音只需要回放这个过程——具有记录凹痕的金属圆筒，带动针，再移动隔板，然后将切割的图案变回声波。爱迪生把这些草图拿给他的助手约翰·克鲁西（John Kruesi），和传说一样，克鲁西在不到两天的时间内就做出来了，而爱迪生则耸了耸肩，然后提一些具体建议。完工后，爱迪生靠在机器上，而克鲁西手摇着金属圆筒。爱迪生在话筒里唱过一首童谣，"玛丽有一只小羊羔……"当爱迪生完成后，克鲁西将针头重新放在圆筒上，用和爱迪生相同的语速再次摇动。他们相当惊讶，机器用爱迪生微小的声音重复唱出："玛丽有一只小羊羔……"。第一次尝试就成功了！托马斯·爱迪生记录了人类的声音，并且能够重播。留声机诞生了，它是电报的孩子，由于发明家的灵活改变，彻底地更换了他正在研究的问题。最终，它将改变人们的娱乐方式，并在百年后诞生了随身听和 iPod。

1878 年 1 月 24 日，爱迪生留声机公司成立了，这是一家专门制造和销售新发明的公司。爱迪生获得了一万美元的制造权，还能获得所有利润的 20%。但是，这个发明并没有产生利润。在 1878 年的杂志采访中，爱迪生解释人们可以用它来做什么：a）写信；b）盲人的语音书；c）教导（如何发音）；d）家庭记录（记录人的遗言）；e）可以说话的玩具；f）报时的钟；g）课堂教学（取代教师）；h）保存语言；i）记录电话谈话；j）音乐盒。作为一个新玩意，爱迪生留声机成为风靡一时的东西。作为一个实用设备，这却是一个彻底的失败。它无法解决任何本来要解决的问题，在未来十年它仍然是失败的。我们需要想一想用它可以解决什么问题。

所以，当你进入增强步骤的第一阶段，要停止重新考虑问题。问问自己，这个想法可以用来解决不同的问题吗？这个问题的答案有很多。你可以简单地重申你正在研究的问题，如同杜兰特重申福特的问题一样。你可以选择问题整体层次结构中的另一个问题，即拉里和谢尔盖的做法。或者你可以彻底改变你正在研究的问题，托马斯·爱迪生利用电报解决方案解决语音问题的方式。不过你的产品不是卖给男士用来剃须，也许你要重新定义其目的，可以将其卖给女性用来剃腿毛。无论如何，永远不要失去对问题的认识，永远不要把它刻在石头上。这不是 SAT 考试或大学的期中考试。你要控制这个问题，不要害怕使用它。想法的演变包括解决问题的演变。重新定义你的问题。这是创新思维的标志。

重新借用材料

构建一个新的想法更像是解决一个拼图，而不是像在悉尼港岸上建立歌剧院一样。没有蓝图，这是一个试错的随意过程。在"借用创意"的第二步中，你寻找具有类似问题的地方。你从自己的领域开始，从竞争对手中获取想法。然后你向前迈步，从其他的行业借鉴类似问题的想法。接下来如果一切都好，你还可以跨出商业领域，来到科学领域或者娱乐圈，他们也许会遇到相似的问题，从他们那借一些拼图。然后你可以拿起拼图，寻找一个合适的比喻来重新组合。然而这个比喻绝对不是完美的，它只是帮你构建一个解决方案。当你对它进行判断，把它放在压力之下，就会发现这个比喻的问题。毫无疑问，压力会带来新的问题，每个解决方案都是如此。现在你需要使用更合适的材料来开始修复它。换句话说，用更合适的零件代替不合适的零件。当你开始解决拼图问题时，开放的部分会提示你要寻找哪些零件。重新借用的材料就是寻找更好的东西来更好地解决问题。

简单地说，重新借用就是替代现有结构中的组件，插入新的替代材料。例如，在1452年，约翰内斯·谷登堡（Johannes Gutenberg）用木板印刷术作为创新的整体比喻，创造了现代印刷机。木板印刷术使用木板印刷已为人所知，在谷登堡之前已经有数百年的历史了。把待印刷的内容刻在一个薄木片上，刷上蛋彩颜料，将其扣在牛皮纸上，然后用手按压木片。这是一个耗时的过程，有时候需要多年才能制作一本书。

一些历史学家和学者认为，谷登堡印刷机的发明是人类历史上最重要的发明。它让信息快速传播，让群众有接受教育的机会。在谷登堡之前，教育依靠口口相传，书籍很少，只有精英上层阶级才能使用。在他之后，书本变得很便宜，教育也变得普遍和可及，启蒙运动开始，因为想法可以传递得更容易，还可以和其他想法组合。谷登堡为艾萨克·牛顿和他的追随者提供了接收和传递创意的基础载体。

印刷机的进化采用了替代作为主要技术,即重新借用材料。木板印刷工艺提供了结构性的比喻。谷登堡只是用不同的组件取代了木刻成分。谷登堡没有使用木块,而是使用金属字母,附在金属板上。他从几个世纪以来的武器和硬币锻造技术中重新提出了这个想法。然后,他用更便宜的纸巾纸或纸张代替了牛皮纸。纸币,和硬币锻造一样,已经存在了几个世纪,但没有用于书籍,因为它不如牛皮纸那么耐用。然后,谷登堡用更便宜的油性墨来代替蛋彩颜料。这种油墨涂抹在牛皮纸上会模糊不明,但是当与纸相结合时,纸张吸收了油墨,使其具有防污性,因此效果非常好。最后,他借用了酿酒师和橄榄油生产商的螺旋压榨机替代了手压式印刷。所有这些事情结合在一起,取代了现有整体结构中的组件部分,取代了木板印刷,因此这是世界历史上最重要的发明之一。

重新借用或替换不是印刷机发明事件所特有的。它是所有创作进化过程的一部分。即便整体结构不变,用新组件取代现有的组件也是一个新的创意。谷登堡走出自身的领域,寻找一些新材料,代替现有的材料。他利用自己对这个问题的理解,找到了新事物。如果不使用木块,还有哪些材料可以用来制作字母、单词、句子和段落呢?他的回答是,硬币使用金属做成字母、数字和其他形状。也许我也可以使用金属。他问自己,如果不使用牛皮纸,我还能在哪些便宜的材料上印刷东西呢?就是这一系列问题,类似的问题,让他完成了自己的发明。首先,他从自己的领域借鉴,用木板印刷术作为他的总体比喻。然后他从不同的行业,比如酿酒和橄榄油制造领域借鉴技术。最后,他去了更远的地方冒险,从军队和政府那里借了创意,后者用冶金术制造武器和硬币。

同样,爱迪生的留声机也经历了进化,后来有人用新组件替代了他的原始组件。正如我所说,爱迪生的机器是一个有趣的新事物,但是它不实用。所以,它被压在箱底,因为在接下来的十年里,爆发了很多创造性发明,让留声机陷入沉寂。人们发明了快门摄影,后来演变成电影。而亚历山大·格雷厄姆·贝尔发明了电话。

1887年,查尔斯·泰因特(Charles Tainter)和奇切斯特·贝尔(Chichester Bell)发布了一款称为"格拉弗风留声机(graphophone)"的新机器。他们的整体架构以爱迪生的机器为原型,用蜡制圆筒代替了锡箔滚筒。这台机器的播放时间更长,录音也更清晰。他们用浮动的触针替代爱迪生的固定针头,产生了更干净的声音,解决了爱迪生机器的音调波动问题。最后,他们用电动马达取代了手动曲柄,这样可以保持一致的录音和播放速度。相对于爱迪生的留声机,这款格拉弗风留声机是一个巨大的改进。这台机器被安装在"娱乐场所"中,当作投币式自动售货机使用，配合播放电影的"电影视镜（kinetoscopes）"机器一起播放音乐。这个改变也引起了爱迪生的兴趣，但他觉得他的机器应该是一台更严肃的录音机，而不是投币式娱乐设备。他选了一个不同的方向，解决一个不同的问题，把留声机的命运交于他人之手。

其他人继续研究爱迪生的问题。一个小型录音行业开始出现，开始出售可以录音的圆筒。然而，这是耗时的，因为每个圆筒都需要单独重新制作。1893 年，埃米尔·柏林发明了"留声机（gramophone）"，它与 graphophone 类似，但是柏林用橡胶圆盘替代圆筒。这些圆盘的生产成本便宜得多，一次可以制造数千份锌盘。这解决了每个圆筒都需要重新制作的问题，于是艺术家表演一次，录音圆筒都能被反复使用。音乐产业诞生了。现代光盘（CD）是"黄金盘（gold master）"的复制品，是柏林的锌盘的后裔。最后，乙烯基替代了橡胶盘，称为"唱片"，phono 留声机更名为 gramo 留声机，这是设备进化之前的原始名称。我们可以继续跟随这个演变，进入随身听和 iPod 的时代，但我相信你已经找到我说的重点。事物可以通过用新的组件替换现有结构组件完成进化。这只是简单地回到第二步，这就是为什么我称之为重新借鉴。

当然，不仅仅是机械事物这样演变，概念事物也是如此。约翰·肯尼迪在宣誓就职美国总统的几天前，与他的首席撰稿人泰德·索伦森（Ted Sorensen）合作，撰写了一篇影响力很大的就职演说。肯尼迪和索伦森借鉴了文学、宗教的布道、《独立宣言》和历史演讲，精心撰写了这篇演讲。然而，肯尼迪知道他需要一个"鱼钩"，这是一次聪明的借用，虽然带来了争议，却很适合，让人难以忘记。他尝试了很多不同的东西，但似乎并不出彩。然后，他想起了 Choate 预备学校的校长，这是他在十几岁时读过的一所康涅狄格州寄宿学校。Choate 的校长曾告诉他的学生："不要问 Choate 可以为你做什么，而要问你可以为 Choate 做些什么。"他因此而闻名。肯尼迪精彩地套用了这一句话，把一个单词替换成另一个单词，他说："不要问你的国家可以为你做什么，而要问你可以为你的国家做什么。"这仍然被认为是美国历史上最伟大的演讲之一。

所以，当你努力提升自己的创意，研究它并问自己，我可以在这个结构中替换什么零件使其更有效？这又回到了第二步，希望重新转身时你会更聪明。判断定义了你正在寻找的内容，它已经建立起了你的创意直觉——一个你可以形容为拥有优势、没有弱势的想法。所以，你只要问自己在哪里找到你描述的这个组件。乔治·卢卡斯（George Lucas）使用约瑟夫·坎贝尔的单一神话作为他的电影的故事情节或结构，再用科幻小说替代了这些组件。查尔斯·达尔文采取了查尔斯·莱尔的地质演化理论的结构，并且用生物学取代了部分组件。我采用了现有的直接营销结构——订单、时间安排、包装和列表——并用我的组件替换它,生成一个新的邮件程序。更换零件,重新借鉴并不会改变整体的比喻结构,它只会使其更有效,因为没有哪个比喻是完美的。你也可以这样做,而且应该这样做,用相同的理由改变比喻本身。

重新组合结构

记住西格蒙德·弗洛伊德说过的话:"我们要不断地改变这些类比,因为它们当中没有一个能持续使用足够长的时间。"一开始,比喻为你的想法提供了结构,但它远不是一个完美的结构。比喻从来就没有完美的。一旦你开始扩展自己的比喻,一旦它经历了你的消极观点,它的不完美就会变得尤为明显。解决方案永远存在问题,进化了的创意通过替换零件解决了下级问题。正如你刚才所看到的那样,通过比喻的重组,我们又重新回到"借用创意"的第三步。这就是为什么在爱默生的文字墓地里,比喻已经消失了。我们在现代汽车中没有看到马车的比喻,结构已经发生了很大的变化,字面上的马车已经深入到机器的 DNA 中,直到现在,只有当我们说"马力"时,才能看到它残余的影子。然而,汽车确实是马车的后代。

像重新借鉴一样,重新组合也分为不同的程度。它们可以像去除无用的零件一样简单,也可以像完全重新组装零件、形成一个全新的结构一样复杂。虽然比喻有助于我们深刻洞悉新作品,但不要被它们引诱,不要害怕改变它们,这样才能更好地适应你的独特情况。这就是重新组合要做的一切。在每一个创造性的思维过程中,你将花时间改变结构。虽然有无数的重组方法,但我会使用五种思维工具:加减乘除和重新排列。换句话说,为了重构一个想法,我增加了新的组件,减去其他组件,通过将组件拆分成独立的部件方式来拆分想法,或者简单地重新排列现有组件。所有这一切都是为了通过弥补不足和发挥优势,使我的创意得到进化。

在第一章中,你会发现每个解决方案都会创建一组新的问题。随着想法的发展,毫无疑问会产生你没有预料到的问题。所以我们要添加一些东西来解决新的问题,而随着时间推移你的想法也会变得越来越复杂。你可以在任何机器、产品或者理论的演变中看到这一点。今天的波音787拥有超过600万个不同的部分,而100年前飞过小鹰镇(Kitty Hawk)的"莱特兄弟飞机"只包含了几百个不同的部分。达尔文自然选择的进化理论不过500页,今天,进化生物学已经与遗传学和数百个其他理论和概念结合在一起,产生出一个相当复杂和庞大的领域,任何人都不可能完全透彻地理解所有知识。进化生物学家必须专攻于某一领域。每个解决方案都会产生新的问题,所以会添加新的东西来解决这些问题。这是事情发展的方式。

爱迪生的原始留声机是一个辉煌的创新，但它也带出了一套新问题，所以它基本上没什么用处。首先，锡箔圆筒非常脆弱，只能重播几次。这个问题本身阻碍了机器的使用，只能算一个新鲜事物。所以，要添加零件。添加浮动的触针，替代以前凿刻锡箔纸的固定针，防止了重播时对滚筒的破坏。然而，这增加了复杂性。触针需要许多工作部件，如微小的弹簧，固定针就不需要。一旦泰因特和贝尔用橡胶盘和电动马达取代了圆筒，让机器变得实用，又会创造数十种其他新的部件——转台、开关、布线和复杂的齿轮。看看爱迪生留声机的照片与泰因特／贝尔的 grapho 留声机，就能发现后者复杂了不少。今天的 iPod 虽然小得多，但却非常复杂，很少人能理解微小的硅芯片，包括 iPod 的设计师。你的 iPod 中包含数以千计的微型器件。不要因为设计的简单而被误导，尽管它是简单的爱迪生留声机的后代，却是一个非常复杂的设备。

当你识别出解决方案创建的新问题时，问问自己，添加哪些零件可以解决额外的问题？一定要有所克制，不要过分复杂化你的创意。事实上，随着你的创意发展和零件增加，你要停下来思考减去一些不必要的东西。

和加法一样，减法也能更改结构的形式，掩盖原来的比喻。与添加不同，它会使事情简化而不是复杂化。因此，这是我经常使用的工具，就像我的高尔夫球袋中的推杆一样，我喜欢用推杆击球入洞。减法可以清理你的想法，让你的创意更容易理解，更实用。

　　智慧的发展和生物的进化都是自然增加的，为了生存，这些新增的元素被用来解决问题，形成基因突变。每个元素都会遗留一些组件。在生物学中，这些被称为残留器官，如现代蓝鲸背后藏着残留的小腿骨，是从其祖先在陆地上行走时期遗留下来的。在想法领域，它们被称为残留组件，例如笔记本电脑上的屏幕保护程序，是从桌面计算机使用阴极射线管、阻止图像在射线管理燃烧所需的屏幕保护程序保留下来。现在不再需要，但仍然保留。在你的想法中寻找这些残留的东西，并使用这种减法工具来消除它们，简化它们。

　　当井深大将微型磁带录像机的想法与轻便的耳机组合在一起时，他很快就意识到有一个残留组件。这台机器不再需要录音功能，因为它正在解决不同的问题——播放。所以他指示工程师减去它，使产品更小，更干净，更优雅。但是，对索尼公司的"录音机"部门的员工来说，这似乎是一个奇怪的要求。

　　在你开始强化进化过程时，首先要做的是清理想法，简化它。回想一下，寻找你在建设过程中添加的东西，而这些东西并不能帮助解决问题。使用减法，识别并消除它们。爱因斯坦说："尽可能地简单一些。"

麦克唐纳·道格拉斯的老板鲍勃·佩德拉里亚就是航空航天世界的极简主义的大师。他喜欢使用简单的词语，从不使用缩略语，他擅长用干净、严谨的解释重述复杂的概念。一名工程师会告诉他，"由补充载体创建的运载火箭载体，比补偿载体大，我们可以通过向前释放推力完成。"鲍勃会看着他，困惑地说："你的意思是太重了？"工程师会停下来想一会儿，然后承认，"是的。"这在行动上是伟大的。

一个雕塑家凿开大理石块。她通过减法来强化它。她简化了它，移除了设计的缺陷。所以它也适用于任何想法，任何概念。使用减法来强化创意，可以消除缺陷、消极的东西和不必要的东西。这么做能够揭示解决方案的根本性质。

在业务上，简约主义非常重要，因为解决方案的竞争是激烈的。据市场营销专家阿尔·里斯介绍，每天平均每位消费者要面对数以千计不同的销售信息，它们出现在电视广告、平面广告、互联网上的横幅广告牌、广告牌、销售人员、广播广告，甚至在小便池上方的标志里。要想在这个杂乱无章的环境发布消息还能被人看到，只能说祝你好运了，特别是如果你卖的东西很复杂。如果你想成功，你需要一个简单、专注、单一的创意。你希望创意生存下来，依靠口碑传递迷姆，成功地与其他迷姆进行竞争。所以你必须为世界提供一个简单的想法，一些容易理解和通过的东西，否则它会在洗牌中消失。不必要的复杂性会杀死它。

使用减法，问自己可以减掉哪些无用的东西？还可以提问，什么组件是不需要的？如何消除无用或残留的组件，只关注创意的本质目标？或者简单一点，我可以减去什么？或者，如何简化我的创意？雕塑家从大理石开始，利用减法进行创作。这个方法很像我构建创意的思路。我解决尽可能多的问题，建立一个概念化的大理石块，然后我用减法来修剪它，完成我的创作。这是我写这本书的方法。首先我写了 2 000 页的手稿，然后我减去了 1 800 页，尽可能简化它，最后变成了你手上拿的这 200 页。

要注意的是尽管如此，上面提到的爱因斯坦的话并不完整，他的原话是"让每一件事情尽可能地简单，但不要太简单"。换句话说，简化到只拥有关键元素，缺了它们就不行的程度。我可以通过删除屏幕上的帮助功能简化税务软件的设计，但是完成纳税申报至关重要，因此不应该被消除。

下一个工具，创意的乘法，它和加法很像，不过它不是添加一个新的组件，而是重复添加一个现有的组件，通常这个组件是解决问题的主要元素。例如，第一台动力飞机"莱特兄弟飞机"实际上是一个双翼飞机，主要元素乘以 2，为结构薄弱的飞机以及额外的升降提供了稳定性和刚度。几年之后，曼弗雷德·冯·里奇多芬将主翼增加了三倍，创造出比双翼飞机更容易操纵的三翼飞机，使它能够控制欧洲战场上的天空。他们叫它"红男爵（Red Baron）"。

吉列在1971年推出了一款名为Trac II的双刃剃须刀。第一个刀片负责拉直胡须，第二个刀片负责将其切断。这是一个巨大的成功。但是由于某种原因，27年后，吉列才增加了第三个刀片，发布了Mach 3产品。之后他们变聪明了。几年后，他们把刀片乘以5，创造了Fusion。（由于某种原因，他们跳过了四个刀片。）

1967年，海滩男孩发行了摇滚史上最具影响力的专辑之一。由乐队创始人布赖恩·威尔森制作，《宠物之声》（*Pet Sounds*）是一个杰作，就像它在音乐史上的地位一样。使用录音设备，威尔森倍增了他的声音，结合了两条相同的音轨，轻轻地摇摆它们，并创造了自己独特的旋律。今天的流行音乐仍然使用这种乘法技术。仔细听布兰妮·斯皮尔斯，有两个她在唱歌。

使用乘法时，问问自己，乘以什么组件可以更有效地解决我的问题？在大多数情况下，它是你设计的主要组成部分，如歌曲中的声音、剃须刀中的刀片，或飞机上的机翼。例如，位于太浩湖的Squaw Valley滑雪场，有一辆名为funitel的缆车，可以在飓风环境下运行，因为它用两根电缆悬挂在一起，因此消除了普通缆车在高处大风中会发生摆动的情况。

如果乘法类似于加法，则除法就像减法。不同之处在于，不是消除单个组件，而是拆分一组零件，成为一个独立的想法。减法简化了现有的创意，而除法在旧想法的基础上创建了一个新的想法。例如，爱迪生的原创留声机有两个主要功能：录音和播放声音。然而，更成功的 grapho 留声机实际上是留声机的一个除法，因为它只能重播预先记录的圆筒。它把爱迪生留声机的原始目标分割开来，仅关注一个问题，简化了它的零件。如你所知，它变得更成功。

受孕后数小时内，人类胎儿通过分裂开始生长。在有丝分裂的过程中，单个细胞分裂成两个。随着其继续增长，它要不断经历细胞分裂。事实上，你一生中会遇到一万万亿次细胞分裂（如果你幸运的话）。有些植物以这种方式繁殖，在一个称为无性繁殖的过程中（它们是不幸的），通过分裂自己形成全新生物。你的创意以同样的方式形成：新的创意从旧创意里分裂、分离，形成一个新的想法，具备自己的优点。

思想除法，就是在业务中创建新的产品类别。营销人员和企业家隔离现有产品的独特用途，隔离待解决的独特问题，然后创建一个新产品来满足这种孤立的使用。他们把产品拆分开来，创造出新的产品和新的类别。例如，汽车原本是富豪玩家的业余爱好，但其他客户开始使用它们来运输材料。所以设计师通过划分其功能创造了一个新的汽车类别。现在它们被分为汽车和卡车，汽车又被分为豪华车和家用车，卡车分为皮卡车、搬运车和货车。今天有几十种汽车类别——跑车、小型货车、SUV、混合动力车、微型车——每一种都是其他类型的进化后代，是设计人员划分产品用途的结果。虽然每个产品更易于使用，对于目标客户来说更简单，但是其整体类别——汽车——变得越来越复杂。这是创造使世界复杂化的另一个例子。

企业家或未来企业家会注意到，这是一个可以用来创建新业务的最佳工具。例如，一家叫 TechSmith 的小公司创建了一款名为 Snagit 的流行软件产品。这个产品可以用任一计算机上的"打印屏幕"按钮来截取电脑屏幕的数码照片。换句话说，创作者只是从计算机的功能里分离出这个功能，并使产品脱离出来。他们采取了一个旧的创意，却创造了一个新的产品。

使用除法时请问问自己：从现有想法的一部分分离并创造出一个东西，能独立解决另一个问题吗？《星球大战》最初的剧本长达 300 多页，十分复杂，所以卢卡斯把它分成了三部独立的电影（被称为三部曲）。有时分裂比减法更好。把它和重新定义问题的技术结合起来，就成了一个强大的思维工具。

你最后的重组工具是重新排列。一个想法是由材料的组件、体积以及连接的方式形成的模式。模式就是我一直在说的想法结构。你可以通过简单的重新排列现有想法的材料来创建新模式、新结构。音乐中有七个音符，但它们可以通过无数方式进行排列，创造出无限数量的独特旋律。事实上，组合音乐和重新排列有时被称为相同的技能，因为排列是写作音乐的核心，也是写任何东西的核心。写这本书，我不得不以独特的顺序安排这40万个字母。它们来自同样的26个字母的字母表，海明威写作《老人与海》和杰斐逊曾经撰写《独立宣言》所用的也是这26个字母，我使用了不同的方式进行排列，创造了不同的模式，所以产生了不同的想法。正如纳撒尼尔·霍桑（Nathaniel Hawthorne）所说："言语的好坏，取决于组合它们的人。"

作为网页设计师，你可以重新排列屏幕的元素，以使其更有效。你可以观察用户如何与网站进行互动，将最受欢迎的元素或推动销售的内容放在眼睛关注的区域（根据实验设计专家唐·诺曼研究，这个位置在屏幕的左上角）。你可以采用方便击键或鼠标移动的方式安排网站的组件，使用户友好程度更高。你不必改变内容，只需重新排列，就能让网站更有效。就像在客厅里重新安排家具。将沙发放在落地窗前，相比贴着墙放，会产生不同的感觉。房间里还是放着相同的东西，但却有不同的感觉。中国人称这为风水——通过合理摆放物品，比如家具，找到它们之间与事物自然秩序的完美平衡。

重新配置零件很简单，却能造成普通主意和绝佳主意的区别。例如，电子邮件活动，是针对潜在客户的一系列联系，可以通过更改发送顺序进行重组；不要在简报之前发送折扣优惠，相反，应该先发送简报，然后发送折扣——你的努力可能会更有用。当乔纳森·伊夫设计第一个 iPod 时，他重新组装了组件——屏幕、播放按钮、暂停、前进、后退和开/关，把它们进行不同的配置，把播放按钮放在第一位。1945 年，法国数学家雅克·哈达马（Jacques Hadamard）让爱因斯坦解释创造性思想。爱因斯坦告诉他，创造其实就是"组合"的玩法。这正是重新排列工具做的事情，它就是组合的玩法。

通常情况下，重新排列会采取反转的形式。例如，在 1820 年，科学家汉斯·克里斯蒂安·奥斯特德（Hans Christian Oersted）用电线、电池和磁铁进行试验，注意到电流通过电线时，罗盘指针会移动。嗯，这是个有意思的现象，他想。几年后，迈克尔·法拉第（Michael Faraday）在玩自己的组合游戏时，想知道如果他把这个实验倒过来，让磁铁穿过电线，会发生什么。令他十分高兴的是，他通过旋转周围的磁铁，电线中产生了电流。磁铁旋转越快，电流越大。今天，我们利用这个发明建造电厂生产电力。在水电站中，水被用于旋转涡轮机中的磁体，涡轮机围绕电线旋转并产生电力。在一个核电厂，水因为核聚变的热量而沸腾，产生了蒸汽，它让磁力涡轮机旋转并产生电力。法拉第借用奥斯特德的实验，反转了实验，发现了改变世界的东西。

亨利·福特没有发明汽车或装配线。然而，他通过从肉类包装公司借鉴想法创造出现代化的"移动式"装配线。肉类包装商的线路作业是分解牛肉；福特改变了装配线的目的，用同样的组织理念来组装他的汽车。他只是简单地重新安排了一个想法，他在不同的行业中目睹了这个功能，借来解决自己的问题。

昆汀·塔伦蒂诺（Quentin Tarantino）通过扭转场景的顺序，在《黑色追缉令》中创造了一个奇怪的效果。这部电影的主角是特拉沃塔和威利斯，故事从咖啡馆开始，剪辑几天前的场景，再回到咖啡馆。

使用重新排列这个工具，请记下结构创建的模式，然后调整该模式。问问自己：如何重新排列我的想法，以更好地解决我的问题？像爱因斯坦一样思考，使用组合的玩法。更改与客户联系的顺序，移动网页上的元素。或者反转事物，像奥普拉的做法，当她以她的名义扭转信件时，为她的制作公司 Harpo Productions 的命名带来了一个创造性的解决方案。没有重新排列，你家里的灯光将无法正常工作：法拉第不可能玩转这些借来的磁铁、电线和电池组合，不可能发明电动机。

创意的结构可以有无限数量的形状：分层、线性、圆形或一些具有陌生形式的偶然的形状。使用加法、减法、乘法、除法和重排改变这种形状，以消除弱点，完善想法。试试重组能否更好地解决你的问题。有时候，你需要重新开始一个完全不同的比喻，就像乔治·卢卡斯挣扎着撰写《星球大战》初稿一样。其他时候，使用这些重组工具，调整你的比喻将会有助于解决你的问题，你的比喻最终也会丢失。当然，这是一个试错的过程，随着其发展，像卢卡斯一样，你会陷入困境，不知道下一步该怎么做。那就是时候重新加热你的想法了。

重新孵化解决方案

提升创意是一项复杂的工作。重新定义、重新借用和重新组合是一门艺术，和科学一样。即使是最简单的想法，也可能有数百亿的组合。有这么多的材料结合起来，足以扰乱大脑的思考。然而，你会发现自己被困在意识主义创造的思维洞穴里。你的想法，无论是好还是坏，都会在你的思维里挖掘出一条道路，你将自然而然地遵循着这条道路，从而使你得出同样的结论。当你看到这种情况发生时，你会知道是时候重新加热你的解决方案了，现在是时候把它放下了，回到第四步，并填写你为自己挖掘的思想黑洞。你看，提升可以发生在意识的光芒下，或在潜意识的昏暗阴影里。

学习成为创意思维者，与学习其他内容没有什么不同。它开始于机器学习。起初你有意识地执行任务。如果你正在学习打篮球，那么你要练习定点投篮、跳投、勾手和带球的技巧。

通过有意识的重复，把这些动作变成第二天性，沉淀到你的潜意识里。你不再有意识地控制在跳投中释放球，这是自然而然的行为了。创意思维也是如此。首先，你有意识地执行创造性的任务：定义、借用、组合、孵化、判断。那么它们就会开始变得更加自然了。你会开始定义、借用、结合，这一切完成在你的潜意识里。就连判断也将开始变得更加自然。很快你会采用史蒂夫·乔布斯的矛盾个性。你可以通过强制孵化思想，有意识地摆脱想法，使它们能够在潜意识里重新形成，远离意识的苛刻之光，来推动这个过程。你的潜意识是创造过程中的强大盟友，你需要邀请它加入游戏。

记住，潜意识思想有三个阶段：输入阶段、孵化阶段、输出阶段。输入阶段是有意识地定义、借鉴、组合和判断。你用这些东西来表达你的潜意识。接下来，孵化阶段正在为潜意识提供时间，让它在这些事情上工作，重新定义，重组和重新判断你正在研究的想法。间隔可以是一段短暂的时间，一个暂停，或几天、几周甚至几年。最后，输出阶段是倾听阶段。它包括让弗洛伊德的看门人放松，让看门人获得意识的思想。它还包括摆脱逻辑思维，清除意识思想，为潜意识发言腾出空间。如果你不断跟自己说话，你就不能听到自己内心的声音。

所以，随着创意的发展，使用潜意识来帮助完成这个进化过程。把材料强制放进心里的影子。等待。然后静静地听取回应。让它变成习惯。当你思考、谈论你的想法时，使用创意暂停。只要停下一两秒，倾听一个新的想法，影子自己会带你切入进来。创意思维不一定是有效的思考。这是试错。你的头脑会把你带到无处可去的路上。这只是进化过程的本质。就像爬惠特尼峰的登山路线。你往上爬，会陷入困境，然后回顾你的步骤，从不同的方向开始，做好放弃这些道路的准备。你不知道你要去哪里，以及你是否偏离方向。唯一的方法就是尝试。继续努力。随着时间的流逝，你将学会在意识的行为下，如何利用潜意识构建更好的创意。随着时间的推移，这种技能将转移到你的影子自我里，你会在创造性思维中变得越来越好。

当然，你和我永远不会是乔治·卢卡斯、艾萨克·牛顿，或史蒂夫·乔布斯。他们是天才，他们做的一切都是自然发生的，已经成为潜意识的组成部分。但你可以成为一个更好的思想家。你可以变得更有创意。复制天才的思想。在你所选择学习的任何领域做出自己的贡献。这是有趣的东西，可以是非常有益的，但它需要很多的工作。世界正在变得越来越复杂，思想、产品和理论正在以惊人的速度创造出来。从历史的发展过程来看，对信息的接受和教育是成功的关键所在。现在，我们能自由的访问，游戏规则已经改变，信息创造（the creation of information）成为成功的关键。没有影子的帮助，你无法做到这一点。这是不可能的。

但不要担心。如果你的想法看起来很轻浮或像廉价的模仿，那没关系。卢卡斯、牛顿和乔布斯也是这么感受的。他们会选择继续工作。他们明白，创新是一个进化过程。

重新判断一切

随着新过程的进化，你会留下一些被遗弃的想法，一些没有用的事物，一条死路。乍一看，这似乎毫无意义。但它不是。你的失败正在教你。它们是创意演变的化石。正如亨利·福特所说："失败只是再次开始的机会，这一次我们将更聪明。"你所拥有的想法越多，做出的判断越多，你的积极属性和消极属性的列表就越庞大。这种积累的判断进一步磨炼了你的创造性直觉，使你更加聪明。随着时间的流逝，你会知道你在寻找什么，你知道如何描述它，即使你不知道它是什么。当我登上 Mountaineers Chute 的时候，我开始更懂得如何施展拳脚。我意识到，黑暗的岩石往往是松散的，所以我要找一块浅色的岩石爬上去。当你搜索解决方案时，也是如此。你会识别出那些不合适的想法，选择那些你用经验积累出的积极属性。

随着事物的发展，使用第五章的判断观点定期审查你的想法。记住，判断不是寻求一个终极现实，判断是基于一个观点，你可以从正面或负面的角度看待任何东西。这只是你戴上的"帽子"。所以，当你的潜意识思索着新的想法时，退后一步，戴上你的积极帽子，问这个想法令人鼓舞的属性是什么？然后列出它们。记住要依靠对问题的定义来提供判断标准。一旦你这样做，再走另一步，戴上你的消极帽子，问，这个想法有害的属性是什么？然后列出它们。当你看这个清单，一方观点通常会掩盖另一方。积极或消极的观点，总有一方会"赢"。你会和自己辩论，使用逻辑和证据来支持你的主张并确定赢家。那么你会把所有的东西放在一边，清空你的头脑，问问自己如何感觉这个想法？正如你所了解的，这是一次检查，看看逻辑观点是否与感觉和情感一致。如果不是，那么你要回到这个问题。这通常意味着你的定义不正确，你使用了错误的标准来判断想法。

把自己当作一个进行目标练习的射手。每个新想法都是解决方案的一颗子弹。一个成功的射手会利用每次失误调整他的下一次射击。如果他的射击在靶心左边，下次他会将十字准线向右移动。他利用失败的尝试来提升下一次射击的精确度，越来越接近目标的中心。使用积极和消极的判断，就像狙击手利用失误的射击，随着时间的推移，你就能射中解决方案。

这种做法就是福特所说的聪明的再次开始。你会带着更深入的了解，回到这个问题。此外，既然你现在可以用这些称之为"积极"的特点和没有"那些消极"的特点来描述你的完美解决方案，那么你将成为一个更有效的想法的小偷。通过创意直觉，你知道在哪里寻找一个这样的想法，当你看到它时，你会更容易认出它。然后，你可以使用更好的零件替换这些不合适的理解。你的设计会收紧，因为你将拼图拼凑在一起。当你看到一些东西时，你会像史蒂夫·乔布斯在施乐的房间里跳起来，尖叫着说："这是最伟大的事情，"而且"你为什么不这么做"？因为你会知道它符合你心目中构建的智力拼图。当你返回组合步骤时，你可以调整它们。消除那些复杂的残留组件，添加新组件帮助解决新增的其他问题。这是一个创意的进化，它是通过适当使用判断推动的过程，定期审查你的解决方案。

成功地借鉴头脑风暴

现在，创造力和创新是组织的命脉，这一点比以往任何时候都明显。产品生命周期越来越短。新的想法正在以惊人的速度进入市场，替换掉旧想法，所过之处留下的是企业的毁灭之路。创新和创造力现在推动市场，取代稀缺和价格，成为成功的关键。这是一场刚刚开始涌现的海浪，你需要顺应这个海浪，不然就会被湮没在它的旋涡里。

虽然创造性思维最终发生在潜意识里，但这并不意味着你不能将其纳入组织过程中。我在 Intuit 和其他财富 500 强企业作为创新领导者的那段经历，教会了我，使用本书中的想法改变头脑风暴过程，你可以将创意思维纳入任何组织的 DNA。

大多数公司都有正式或非正式的头脑风暴过程，通常由外部来源调解。然而，头脑风暴引起的巨大误解，与过程本身所产生的相比，对于创作过程更为不利。头脑风暴的限制，遗漏了创造性思维过程的许多重要方面。特别是，大多数头脑风暴的主持人告诉你暂停判断，我们大多数人错误地认为批评和判断不利于创造过程。其实不是，它们有助于这个过程。没有它们，你的想法是微不足道的。

所以，现在要说的是如何将你从本书中学到的内容融入组织的日常实践中。我们可以把头脑风暴分为四个不同的会议，每个会议都有不同的目标和不同的规则。大胆地借用头脑风暴涉及：1）定义问题的会议；2）借用想法的会议；3）新想法的会议；4）在其他时候对这些想法进行判断。

第一次会议是为了确定问题。这是一个数据转存。使用从第一章学到的一切，努力识别新问题，通过查找根本原因来理解它们，然后定义它们以及其周围的问题。上下查看，你和你的团队将创建业务运行的问题层次结构。这有助于你确定要解决的问题的范围。

第一次会议结束后，可以通过排序和分组来组织问题。这样做能够帮你决定是否遗失了任何问题，可以搭建下一次会议的结构。找到问题组后，请为不同的团队成员分配不同的问题组。然后请这些团队寻找其他有类似问题的地方。这些地方是你的第一竞争对手，然后是其他行业，最后是行业之外的领域，比如科学或娱乐圈。让你的团队寻找具有类似问题的地方。

第二次会议是借鉴会议。团队将聚在一起，交换彼此的研究成果。他们将描述自己的成果，展示竞争对手如何解决问题，其他公司如何解决问题，其他领域如何解决问题。实质上，你正在收集下一次会议的材料。

第三次会议是生成创意的会议。当你开始构建解决方案时，可以使用上次会议的材料，为解决方案寻找一个总体的比喻。这个比喻将为你的想法提供一个高级别的结构。尝试一堆不同的东西。请记住，创作过程是一个试错的过程。这次会议与目前头脑风暴的概念非常相似。你可能会，也可能不会暂停对这些想法的判断，这取决于团队成员如何重新思考，也取决于组织文化（自我是否脆弱？）。

第四次会议是进化会议。会议会采纳最有希望的想法，利用三个判断观点进行分析。这需要辩论，需要明确界定积极和消极属性。在这次会议之后，你可以开发一个或两个有希望的创意，把它们分配给更小的团队进一步进化。记住，这些事情需要时间；这也是一个试错的过程，新的问题会到来，反过来会需要新的解决方案，从而导致创意的进化。

最后，创新是个人的。它发生在潜意识里。这些头脑风暴会议是输入设备，使用组织成员来帮助你收集材料，分享材料，建立有希望的联系，并帮助查看可能解决方案的积极和消极方面。然而，创意的验证始终发生在一个更深更暗的地方。别忘了。在太阳升起之前的清晨，你的竞争对手还在睡觉时，你的头脑更加清醒，晚上的睡眠已经帮你打扫出一条干净的道路，这时候的你通常更容易想出一个新的创意。

如果你致力于创新和创造力，那么你需要花大量的时间。你必须继续努力，继续攀登，继续思考，继续努力解决问题，找到解决方案。记住，你是一个空降兵，你是一个擅长改写、重组和替换不起作用的组件的专家。创意思维就是试错。没有魔法子弹，把握创意理念，把握好思维工具，使之成为可能。现在由你决定。

构建一个想法需要时间。牛顿经历了 20 多年的紧张思考、识别问题、收集数据、综合它们，撰写了《数学原理》，并开发出解决问题的解决方案。开普勒在得出火星运行轨迹是一条椭圆形的轨道，而不是圆形的结论之前，花了 9 年时间，整理了 9 000 页的笔记和计算。迪士尼乐园从概念形成到开放日，这个想法在沃尔特的大脑里孕育了 25 年。达尔文在 1859 年出版的《物种起源》第一段中提到，从 1837 年他就开始了研究工作。当然，这些想法需要很多思考，但是如果这些创新的思想家放弃了,如果他们面临一个障碍就放弃攀登,我们永远不会知道他们的名字或他们构建的想法。有捷径是肯定的,但山还是要爬的。失败并不是一个错误,而是成功之路的路标。如果你放弃,那将会是一个错误。或者就像爱迪生说:"许多生命中的失败就是那些选择放弃的人,没有意识到他们当时离成功有多近"。如果你放弃,转身离开,你永远都不会知道你离山顶有多近。失败和成功只是同一条路上的不同站点。

当然,你会经常来到分叉路口。这往往会阻止人们。不知道要去哪里,他们只是坐在那里,思考下一步该做什么,而不是选择一条路,试一试。在发生这种情况时怎么做,罗伯特·弗罗斯特(Robert Frost)给出了很好的建议。他说:"树林里出现了两条分开的路,我会选择那条少有人走的路,这会带来大大的不同。"你将永远在一条适合旅行的道路上开始你的旅程,从其他的人那里借用通道,但路途最终会产生分歧,融入其他的路,正是在这个时刻,如果你想获得创造性,就要选择那条少有人走的路。

创作过程不是线性的。这是一个自我组织的过程,创意以雷暴的方式形成,而不是建筑师设计大楼时的一步一个脚印。这是一个自然的进程,自己创造了自己,所以每个创意都是自己创造自己的过程。每个想法都有所不同。创意天才在潜意识的影子中做到这一点。我并不具备这样的天赋,但我开始意识到即使我没有它也可以模仿它。我意识到我可以用最真实的字眼借用别人的辉煌。

长途跋涉的第六步

汤姆和我离开了 Intuit。我们看到的机会是在线税务软件。IRS 不喜欢私人公司收取网上税务准备费用和电子申报费用，因此打算自己进入到这个收费行业。出于恐惧，像 H & R Block 这样的税务公司希望能进行谈判。他们组成了免费报税联盟，允许低收入人士使用 www.irs.gov 上提供的私人软件免费准备和提交税款。第一年，数百万人使用网站免费准备税款。

之后数年，它呈指数增长。现在有 400 万人正在使用它。你猜怎么着？一家私营公司只要花 5 万美元就能加盟。这意味着我们可以创办一家公司，并且和 H & R Block、TurboTax 这样的公司一起列在 www.irs.gov 网站上，有时还会排在它们的上面，因为这个列表是轮换的，因此每个公司都有机会排在前面。我们可以向客户收取州税服务费，每件事都不是免费的，只有联邦事务免费。我们在市场里投资五万美元，就可以获得成千上万的付费客户。这是一个机会。

我们在加利福尼亚州的海滨市租用了一些办公室，雇用了一些程序员，搭建一个网站，开始搭建产品。我们只有 6 个月时间。我们聘请了印度的离岸团队，Intuit 的首席开发人员选择辞职并加入了我们。我们的公司叫 Taxnet。

汤姆和我用个人储蓄来投资。我手头大约有 25 万美元，我愿意把它放在这里。汤姆有更多存款，不过他认为 50 万足以支持我们的计划。

"你认为我们可以在第一年准备好产品吗？"我问汤姆。

"当然，"他说。"小菜一碟。"

"上帝，我希望如此，"我说。我已经拿出了我拥有的一切。这就像把我所有的筹码都放在黑色区，转动了生命的轮盘赌。这种感觉很熟悉，让我不舒服。

"要有信心，伙计，"他说。

结　论

少有人走的路

时间回到 5 年前，我坐在塞斯纳 340 的右前排。我们刚刚起飞，泥土跑道的尽头还有没清理干净的树梢。我们在哥斯达黎加的塔马林多。我旁边是飞行员，身后有 4 个朋友，我们带了 6 个冲浪板，还有背包装备。飞行员的英语说得不好，我很难理解他的话。

"太重了。太重了。"他边说边拉回操纵杆，想要拉升飞机的高度，但我们却朝着简易跑道外的丛林山坡前进。我回头看约翰娜。她微笑着对我说笑，脸上露出泪水。我们因为冲击力都在使劲支撑着身体。

机腹碰到了树的顶部，我们越过了山脉，所以暂时没有危险。我们向西转，朝海洋飞去。我在腿上摊开哥斯达黎加的地图，告诉飞行员朝南飞。我们正在执行任务，我们正在寻找"完美的海浪（perfect wave）"。范恩、布莱恩、切尔西、约翰娜和我租用了这架六座的塞斯纳，想要在西海岸低空飞行，寻找理想的冲浪点。寻找完美的海浪。飞行员没有提交飞行计划，因为我们不知道我们要去哪里。

我们朝南飞行，寻找白色海水，那是破碎波的迹象。我们经过了 Playa Negra。一无所获。飞过 Playa Hermosa，眼前还是平静的海面。然后是 Jacos，Quepos 和 Playa Dominical，依然只有蓝色的海水，没有白色的。最后，随着时间的推移，我们决定向奥萨半岛出发，飞行员开始摇头。

"不是巴拿马，"他用蹩脚的英语说着。

仍然没有白色海水。没有波浪。而现在，这个国家的尽头就在眼前。我们决定将飞机降落在巴拿马边界北部奥萨半岛的沿海雨林。我从地图上找到了一个小型的简易机场，就在科科瓦多国家公园外面。简易机场附近有一个小城镇，靠近杜尔塞湾。范恩和我都知道，这个海湾的南端有一个叫 Pavones 的冲浪点，这个地方非常著名，这里的海涌恰到好处，是世界上最长的左旋波浪。今天似乎没有海浪，但是我们可以在这露营和钓鱼，然后十指交叉祈祷，希望我们能遇到海浪。

"你觉得怎么样？"我问范恩。

"如果有完美的海浪，就是在 Pavones 这了，"他回答。

所以我们选择登陆，并告诉飞行员四天之后接我们，在同一地点，希望他明白，不要在四周之后回来。我看着范恩，笑了起来。我们在中美洲的丛林中,没有地方逗留,没有睡袋,没有交通工具,也没有通讯工具。好吧。收拾好物品,我们开始沿着一条土路朝小镇走去,这是我在空中看到的一条路。我们朝着这个村庄走过去时,听到了丛林里吼猴的吼叫声,嘲笑着我们。

这不是一个友善的地方。没有人会说英语。这也不是一个度假胜地,它是一个乡村小渔镇。没有酒店。我们很困惑。我们也在怀疑。最后,有人以蹩脚的英语告诉我们,海湾里停着一艘美国游艇。也许他们会让我们睡在船上?真可怜。太阳正在靠近地平线,一小时之内黑夜就会来临,我害怕睡在丛林。我不信任这里的吼猴,丛林里充满了我不熟悉的生命。是的,睡在一艘游艇里似乎是一个更好的主意。

我望着海湾,看了看那艘船,然后又回头看看范恩。我笑了。水面上并没有一艘美丽的美国游艇,相反,有一艘古老的双桅帆船,一艘海盗船,看起来像是从史蒂文·斯皮尔伯格的电影里驶出来。这里并没有悬挂骷髅旗,但绝对可以这样干。这船看起来很危险。然而,太阳正在下山,我们身后的丛林开始苏醒,发出沙沙声的不明生物,蜿蜒着,爬行着,越来越大,越来越吓人,现在海盗船看起来像一座浮动的丽思卡尔顿酒店了。

我们对着船呼叫。船长听到我们的声音,划到岸边。他告诉我们,他和他的妻子正在周游世界,他们三个月前离开了佛罗里达州，现在准备前往加州。我不记得他的名字，但是他的船叫仙后座（Cassiopeia）。仙后座位于北方天空，在北极星之后，水手们一直使用它导航了数百年。他说我们可以租船几天。然后我们进入了这艘海盗船。我们告诉他我们正在寻找完美的海浪。他笑了，说他可以帮忙。此时的天空是深红色，凝血的颜色，因为太阳已经掩藏在水星后面，黑暗已经吞噬了丛林和杜尔塞湾。

当我们航行着，海里有东西吸引了我，它在水中，船桨打破了海面，那是一种令人惊讶的东西，一种反常的东西。在我可以指给其他人看之前，我意识到他们也看到了，因为切尔西对我们低声说，她的声音透出一种敬畏，"哦，我的上帝，你们看到了吗？"

我们所看到的是一种令人惊讶的、流出来的爆炸的荧光色，当桨打破了海面，这些荧光物质就附在桨上。我把手伸进水里搅动起来，把它拉出来。我的手好像从大容量的放射性碎片中拿出来一样。"哇，"约翰娜难以置信地惊叹道。

那天晚上，我们五个睡在海盗船的后甲板上，以天为被，以自发光的磷光物当床。接下来的几天我们在海湾和太平洋的外沿航行着，一直在寻找白色海水，寻找完美的波涛。我们锚定了 Pavones，祈祷找到海涌，但我们的祷告没有得到回应。星期二下午，海面像 YMCA 游泳池一样平静。我们在航行，寻找完美海浪的迹象,像古代海员在寻找陆地一样。我们找不到。它不在那儿。

第四天早晨,我们开始回到村里。幸运的话,我们的飞行员已经在丛林里等着我们了。我们在海湾北部停下来吃午饭和晒太阳。我们感觉到海浪开始有了涌动,船尾能看到一点白色的海水。我们向那个方向望过去。范恩、布莱恩和我跳进大海,在会合之前赶上了几波小海浪也是不错的。

这是很好的小惊爆点,适合右撇子。我遇到的第一波海浪很有趣,大约齐腰高,我乘着它前进了20多米。虽然谈不上完美,但很有趣。范恩和布莱恩也赶上了类似的海浪。船上的女孩们很放松,船就停在靠着浪边的地方。

然后一排波浪滚过,比其他大得多。布莱恩乘着波浪飞起来了,下降时叫得特别大声。范恩和我想乘下一个浪,但是没有浪过来了,只有一次浪涌。我们转过身去看看布莱恩冲浪结束的地方,令人惊讶的是他不在那里。他消失了。

"他在哪里?"我问范恩。

"不知道。"他回答。

我想,布莱恩被吸到海面下了。什么也没有留下,他和他的冲浪板都消失了。我打算靠向岸边寻找时,听到了范恩声嘶力竭地在喊:"看外面!"

这是一个所有冲浪者都熟悉的呼喊,另一轮海浪来了。这一轮比吸走布莱恩的那轮更大和更长。在我努力下潜的时候，范恩已经找到了完美的位置。当我找到安全的位置时，我听到他尖叫，如布莱恩一样。

我站起来，朝岸边看。范恩也消失了，和布莱恩一样。现在他们都不见了。我冲浪了20年，从未见过这样的事情。我看到人们在巨大的冲浪中消失，但能从他们所消失的地方十几米之外出现。但这次不同。海浪还在形成中，这是肯定的，但这些海浪的力量还不足以支撑他们这么久，还差得远呢。他们肯定出事了。

突然间，漂浮在温暖的水中，我有一种奇怪的赤裸裸的容易受伤的感觉。我瞥了一眼海盗船。切尔西和约翰娜正躺在甲板上晒太阳，不知道她们同船的同伴已经消失在海面下了。我感觉到我身下有一片阴影。

我向岸边望去，找遍整个海滩上下。他们在哪？大概1.5公里远，我看到有两个人来到我身边。可能是他们吗？不可能，我想。他们怎么会这么远，离海岸这么远，刚刚还和我坐在这里呢？我开始担心。随着两个身体越来越近，我意识到那就是布莱恩和范恩，才大大松了一口气。他们正在冲浪，开心地大喊大叫，像迪士尼乐园的两个小孩一样刚刚从太空山下来。问题在我心中闪过。他们在喊什么？他们怎么会跑那么远？刚才发生了什么？

布莱恩和范恩都没有向我解释。没有必要,因为又一轮浪过来了。这次轮到我了。我起飞、下降、旋转,然后发现自己正站在最完美的海浪的肩上,这次的浪齐肩高,延绵无尽的长波,我这一生都未见过。我乘着它,冲浪超过了1.5公里。波面慢慢下降,留下我们的笑声;一次又一次。

我终于找到了完美的海浪。

5年后,我思考问题时这个故事跳来了。我把创作过程从我潜意识的影子中解放出来,使之成为一个有意识的过程,这只会使我成为一个更有效的潜意识思想家。现在我明白了,现在是把这些想法付诸实施的时候了,我要把它们应用到汤姆和我创立的公司。但关于完美海浪的故事让我想到,也许这些创意可以用于解决不同的问题?

随着时间的推移,我意识到借用创意不仅仅是构建一个聪明的经营理念或者解决复杂的科学问题,而且也是解决生活中更大问题的一种方式。正如玛丽·居里所说:"我是我自己的实验。我是我自己的艺术作品。"或者卡尔·荣格说的:"如果你没有什么可创造,那么也许你会创造出自己。"我意识到我的影子自我告诉我,这些工具可以被使用重建自己,重建定义我生命故事的环境。

对麦克斯韦·珀金斯来说,创意生活意味着两件事,珀金斯是海明威、沃尔夫和菲茨杰拉德的传奇编辑。他了解那些过着有趣生活,去过有趣的地方,做了有趣事情的人,但是这些人没有改变,也没有从这些经验中获得任何见解。他们不是有趣的人。另一方面,他知道那些有趣的、有深刻洞察力的、似乎每天都在改变的人,但从来没有离开家乡的舒适区,永远不会冒险,甚至没有做过任何了不起的事。继续无趣地活着。海明威却都做到了,珀金斯很羡慕他。海明威旅行到遥远的地方,有过奇特的经历,深入了解当地的风土人情。对珀金斯来说,这是创意生活的缩影。对我来说,它也是如此。我渴望遥远的地方,我渴望被这些地方改变,无论是身体在路上还是心灵在路上。

当然,你和我不能住进海明威的生活:在非洲狩猎,在古巴的深海捕鱼,在潘普洛纳和公牛赛跑。但是你可以过海明威般的生活。你可以借用海明威的态度——探索,从旅行大巴上下来,做一些重要的事情,让经验改变你。通过借用你欣赏的人的特质重新创造自己。爱因斯坦在他的学习墙上贴上了詹姆斯·麦克斯韦的照片,旁边还有迈克尔·法拉第和艾萨克·牛顿的照片。比尔·盖茨花费数百万美元收购达·芬奇的笔记本。而布鲁斯·斯普林斯汀(Bruce Springsteen)在"猫王"埃里斯·普雷斯利(Edvis Presley)的《艾德苏利文秀》[1]里,买了他的第一把吉他。每个人都需要一个榜样作为借鉴特征的来源。

---

[1] 美国从 1948 年至 1971 年播的电视节目。

正如我们在建设我们的生活一样，我们构建自己的想法，我们建立自己。正如你所知，我们不能无中生有，我们必须从别的东西中创造新的。想法是由其他想法制成的。生活是由别的生活所造成的——它们形成了我们借来的比喻，过着我们自己的生活。

借鉴不仅仅是一种创造性思维技巧。这是核心技术。一切创意来自它。这就是为什么创作过程难以理解。这就是为什么创意过程是如此矛盾，这么反直觉。它与你的想法相反，或者与"应该是什么"相反。逻辑是如此根深蒂固，一个想法导致另一个想法，我们很难察觉到悖论。我们很难理解不能排列整齐、点对点、线性解释的东西。创作过程就是其中之一。它充满悖论，也不具备线性的规律。

客观存在的悖论

悖论是自相矛盾的。例如——这句话是假的——本身就是一个悖论。如果我们相信这句话所说的，那么我们接受它是真理，但它说这句话是假的，所以它必须是假的。这是一个悖论。我们可以周而复始。这句话违反了逻辑，是自相矛盾的。创意过程也是如此。

复制是创意过程的核心。记住，先复制后创造。复制就是如何收集材料构建想法。剽窃者和创意天才之间的唯一区别是材料的来源，因为它们以完全相同的方式开始。他们只是从不同的地方偷走创意。复制和创造，虽然是相反的两件事，但是相互衍生出对方。原创性来自盗贼。这是客观存在的悖论。

随着时间的推移，盗窃被掩盖起来。它被调整，用于解决不同的问题，并结合其他盗窃行为，因此它消失在新创作的DNA中。盗窃仍然在，只是难以发现。在达尔文进化论中很难看到莱尔的地质学理论。在布鲁斯·斯普林斯汀的作品里很难看到埃里斯·普雷斯利的影子。创意的进化随着时间的推移改变了创意自身，窃贼的行迹被掩盖起来。

你借用的组件和你在哪里找到这些组件，决定了解决方案的创意质量。借用竞争对手，是偷盗；从外界借鉴，就是独一无二，创意非凡的。离自身领域越远，你的想法越有创意。你也可以改变零件，就像小偷向被盗的汽车重新喷漆来隐藏他的盗窃行为。例如，你可以与竞争对手做相反的事情，比如他正在制作一个大产品，那么你可以做一个小的。

最终，你的想法通过将独特组合的行为演变，改变，将现有的事物结合在一起，前所未有地结合，就像这两个词：借鉴和辉煌。编剧威尔逊·米兹纳（Wilson Mizner）说过："如果你从一个人复制，那就是剽窃；如果你从两个人复制，那就是研究。"组合是创造力的本质；它们是同一回事。你可以改变和

结　论　少有人走的路

改变它们，隐藏你的来源，正如爱因斯坦说，组合的行为最终推动了创意的进化，把盗窃和拷贝深深地植入到新事物的基因中。它隐藏了悖论——为了创造你必须复制。我们的世界由更早的组合拼接而成。世界是复杂的，每一个新创意更是如此。

跟上节奏很累。不过它带来了第二个创造性的悖论——不老泉的悖论，智慧的悖论。

智慧悖论

变老是一种糟糕的体验。我的背很痛。我常常觉得呼吸紧迫。我的头发掉得越来越厉害，我在后背上找到了掉落的头发。似乎我们从衰老中得不到什么。其实是有的。这就是衰老的悖论。

美洲虎有速度，大象有体积，大猩猩有力量，人类有思想。我们不是跑得最快的，体型最大的或者是最强壮的，但是是我们统治这个星球。与任何其他动物不同，地球的每一个角落都能找到我们，不仅是生存下来，还能统治这方水土的所有物种，这种成功无疑是由于人类巨大的心智带来的。正如达尔文所说，"它不是生存下来的最强物种，也不是最聪明的。这是最能适应变化的。"我们是最具有适应力的物种，是心智让我们做到了这一点。

当其他物种还在依赖本能生存，依靠天生的连线系统生存，我们已经有独特的能力重新连接自己。不只是依靠本能，而是超越这些本能，只要我们愿意。我们可以重建思想。年轻是由这个过程定义的。一个刚出生的婴儿是无知的，多年以后，成千上万的神经细胞开始沟通，然后发展到数百万，它们发送消息，创造路径，然后数十亿，形成神经网络，形成了记忆、信念、态度和看法，长大成人。唯一的问题是，随着我们变老，我们变得懒惰，并且一遍又一遍地开始使用相同的网络。这种重复，挖掘出深深的凹槽——刻在石头上的信仰，坚定不移的观点，渴望过去的美好时光。长大后，我们停止连线，并且一次又一次地使用相同的旧线路。我们不应该这样做。相反，我们可以通过继续连接线路来保持年轻地成长。继续学习和创造。让我解释。

在《智慧悖论》（*The Wisdom Paradox*）一书中，神经学家埃尔克农·戈德伯格（Elkhonon Goldberg）博士说，当你的大脑变老时，你的思维会变得更坚固。他称之为智慧悖论——智慧随着年龄而增长，而不是下降，你可以通过使用生活创造的网络来建立新的网络，而变得更聪明，更智慧，而不是依靠它们进行重复思考。换句话说，如果你继续学习，继续创造，即使腿脚不便，发际线后移，你也可以保持年轻的头脑。要么使用它，要么失去它。维持不断重新布线的状态，就是年轻的本质，是每个人都可以做到的。就像鲍勃·迪伦说，你可以"永远年轻"。

戈德伯格博士讲述了明尼苏达州曼卡托圣母学校修女会的姐妹们。这些妇女因为长寿而著称，在 90 岁还能自如生活，精力充沛地参与课程。她们具有 40 岁左右的女性同样的智力、耐力。更重要的是，她们似乎没有一人患阿尔茨海默病，也没有任何痴呆症的症状。有趣的是，医生对修女进行了尸体解剖，看看她们是如何在神经学上避免困扰许多其他人的疾病。令他们惊奇的是，医生发现许多修女确实有疾病，纠缠的斑块和感染的脑细胞，尽管她们没有症状。据戈德伯格博士说，这是她们的心态相当活跃的结果，人人都保持学习，让思维处于一个不断建设的稳定状态。当大脑生病了，它会在受感染的脑细胞周围重新接线，并继续发挥功能。

修女们找到了不老泉。你也可以。就在这本书里。和学习一样，创意行为是重新连线自己的最终行为。在沃尔特·迪士尼临终之际，他将最后一个想法描绘给他的哥哥听，用医院房间的天花板把它映射出来。罗伊·迪士尼采用了它，并在佛罗里达州奥兰多沼泽地建立一个更新更好的迪士尼乐园。沃尔特临死前还和之前一样，创造到最后一刻才结束，他一直这样生活直到最后。

当然，对创造力的这种激情形成了第三个创造性的悖论。

创意本身的爱与冷漠。

情人的悖论

"如果你爱一个人,"理查德·巴赫(Richard Bach)说,"就让他们自由。如果他们回来,他们是你的;如果他们没有回来,他们永远不会回来。"这就是情人的悖论。牢牢抓住你的恋人,占有他们,不是真正的爱。真正的爱意味着放下对方,让他们飞翔,不要抓住他们或禁锢他们。创意过程中的想法也是如此。抓住它们、禁锢它们,会阻止它们发展。记住,吻只是吻。创意是一个夜晚的思考,这不是选择你的伴侣,挑选窗帘布置居所。你必须让你的想法自由行走,而不是从情感上依附于它们,这样你才能继续下一个想法。

这不是一个内在的悖论,它是一个被创造的悖论。创造这个悖论并不容易。这是艰难的爱。很难把你的孩子踢出房子。很难扔掉你十分想要的东西。很难不爱你所构建的想法,就像很难让你的爱人自由一样。人爱上了最奇怪的事情。

去年滑雪时,我和带着南非口音的男人聊天,在猛犸山我们共乘一个缆车。

"你从哪里来?"我问。

"我住在亚特兰大。"他说。

结　论　少有人走的路

"你在亚特兰大做什么？"我问。

"我是一名医学研究员。我在 CDC 工作，疾病控制中心。"他说。

"哇，"我说。"你研究什么病？"

他说自己专门研究儿童疾病，疟疾、结核病和细菌性脑膜炎等恶劣的疾病。在他说话时，我注意到他很欣赏这些病毒，它们智慧而巧妙地避免自己被破坏的方式。他谈到一种特别恶毒和致命的脑膜炎病毒，我可以告诉你他对此的思考有多深入，他对这个病毒有多熟悉，他已经形成了很高的评价。你看，你对某件事情的深刻思考，你花更多的时间，你越欣赏它，爱它，即使它会杀死无辜的孩子。人质爱上了他的劫持者，这叫斯德哥尔摩综合征，在这场著名的人质劫持大戏里人质会变得相当迷恋凶手。你也会对自己的想法做出这样的事情，即便这个想法很糟糕。不断地思考会在你的头脑里刻出思想的河流，漂浮其中你会觉得越来越舒服。一旦你爱上这个想法，沉浸在这条河里，就不会想离开。你就不会想着改变你的想法。

阿尔伯特·爱因斯坦拒绝了自己建立的量子力学领域的相对论。在他发表了著名的想法 20 年之后，他告诉一位朋友："是的，我已经开始了旅程了，但是我只是把这个想法当成暂时的。我从未想过别人会把它如此当真，甚至比我还当真。笑话不应该被反复拿来说。"

所以，你要像爱因斯坦那样放开你的想法，这是为下一个想法腾出空间的唯一途径，这是让它们进化的唯一途径。不是关于这个想法，而是关于这个过程。你需要爱上创造的过程，而不是创造物本身。要爱那个吻你的人，而不是那个吻。重要的是旅途而不是目的地。

旅程本身就是一个大悖论。

天才悖论

创造的过程是通过分开、重组、添加和减去东西，然后将其重新组合来构建一个想法。这意味着创造力需要混乱中的井井有条，因为想法的所有碎片都散落在大脑里，同时它们渴望着秩序。把它们完全打乱，然后仔细、精心地把它们组合到一起。创新者有时是一个彻头彻尾的懒虫，下一秒又会变得令人难以置信地守纪和规整。尼采说，"想成为舞蹈明星，必须有一个混沌的灵魂。"

契克森米哈赖教授在写《创造力》这本书时，研究了数百名创意达人，发现了这些自相矛盾的个性特质。一个既有趣又高度自律的科学家；一位以无序状态开始创作，以令人难以置信的控制和秩序结束工作的雕刻家；一位办公室乱七八糟，书桌杂乱无章，但能清晰地发言，开发了高度结构化的金融体系的银行家。创新的秩序是从混乱生出来的。

当然这对我们来说并不奇怪,这只是全脑思维的另一个例子。使用右脑从整体感知事物,感知整体形状和形式;左脑负责感知碎片,以及它们如何组合成整体。把事物分开,又把事物放在一起。左脑和右脑就是悖论。天才的悖论。

一锤定音的人在察觉整体时,能察觉出碎片,这种能力使他成为创造性思维的天才。像我们这样的"空降兵"必须模仿天才,有意识地从左脑跳跃到右脑,从右脑跳跃到左脑,抬头观察它在整体上的位置,低头观察它是如何连接到另一个碎片。我们通过试错来创新。我们尝试新的组合,退后一步,查看错误,向前迈进解决问题,然后再次评估,直到我们得到正确的组合。天才在潜意识的影子中自然而然地完成了这件事,而普通人却是有意识地为之。这就是碎片和整体、结构和零件之间的悖论。

一个不能正确认识自己的普通人,还以为自己是个天才,在他脑海里创造出一种矛盾的意图,所以很难创造任何东西。每一次他想要创新,只能惨淡收场。我之所以知道,因为这就是我的写照。

矛盾意向

精神病学家维克托·弗兰克在《活出生命的意义》一书中

将矛盾意向描述为一种逆反心理，人类会自然地做着和他所想要的相反的事情。一个男人告诉自己不要出汗，然后开始无法控制地出汗。一个女人告诉自己，盯着别人看是不礼貌的，然后发现自己不受控制地凝视着别人。我的哥哥和我曾在做弥撒时大笑，而那时牧师正郑重地讲罪犯和他们悲惨的命运。我告诉自己不要再笑了，结果却变得更糟，这种反常的反向心理学，弗兰克尔称之为矛盾意向。你和我也许称它为意识与潜意识之间的斗争。这场斗争最终以潜意识的获胜结束。

创造性思维会让大多数人产生这种逆向心理。一旦你问自己讨要一个创意，头脑就变空了。什么想法也没有。你期待潜意识提供一些创意，结果却适得其反。影子不喜欢被命令。它喜欢在自己的时间做自己的事情，所以它会用沉默的声音惩罚你。这就是矛盾意向。作家称之为写作障碍，深受其害。这是因为意识和潜意识之间切断了联系。

治疗创意过程中的这种疾病，可以使用本书中的思维工具，自觉地构思。定义问题。从有类似问题的地方借鉴。连接并整合借用的解决方案。分析结果，然后通过消除弱点和发挥优势来改进想法。那些在影子里完成的事情现在能够显示出来。既然你不是一个创意天才，你将不得不外出寻求这些借来的想法。然后有意识地构建它们。随着时间的流逝，这些练习将教会你的潜意识，创造精神肌肉记忆，慢慢地，影子自我的任何矛盾意向都将消散。到最后你能体会到创造的快乐。

像任何训练或心智训练，练习的次数越多，创造性思维变得越来越有效。生成的想法越多，生成下一个就越容易。最后，正如诺贝尔奖得主的化学家莱纳斯·鲍林（Linus Pauling）所说："找到一个好办法的最好办法就是找到很多办法。"

上面提到的这些悖论和谬误，散播了迷雾，掩盖了创意的过程。即使是最有效的思想家，也会被这些迷雾慢慢地吞噬。

误会的迷雾

创作过程充满了误解和悖论。最容易产生错觉的，最具破坏性的观点是，认为一个想法是独立的、孤立存在的事物。其实不然。每个想法都是进化的思想链的一部分。有些是别的想法的直系后裔，容易被发现，就像iPod是随身听的后代一样。然而，有些是趋异进化的，似乎是无中生有的，独特而原创，即使他们以完全相同的方式从一个祖先那传下来，如星球大战是安徒生童话的后裔。原创是一种错觉。从远离你的主题的地方借用材料往往会造成这种错觉。同样，独特的创意组合往往可以掩盖这个想法最初的来源。爱因斯坦说，隐藏你的来源是创造力的关键。但是，这种隐藏，让创意看起来比原来的想法更原创，就模糊了创作过程的真实性质：创意是不断进化的，一种想法是另一种想法的孩子。在过去，人们对此表示理解，这就是为什么艺术家或作者从未为他们的作品署名。创造，被认为是一个合作的努力。创意相互促进，这是可以理解和接受的，所以没有理由要求所有权，没有理由签名。直到自由市场对创造性想法赋予高价，人们才开始声称拥有它们，引发了署名、商标、专利和版权。原创性成为一种从个人财产诞生出来的概念，而不是从创意诞生出来的概念。今天，狂热崇拜、幻想、原创性散布了令人产生误解的迷雾，这些迷雾扼杀了创造力。

人性和社会压力迫使你隐藏来源。你拥有自己的想法，对它们的保护就像把 PIN 码印到借记卡上一样，也许你甚至会申请商标、专利和版权。我有许多专利，数十种商标，以及你正在阅读的这本书的版权。这些东西自然地把我的创造性逼进黑暗的角落，因为我害怕惩罚。如果你按照这本书中的步骤进行练习，我保证，你会想出一些好的创意。如果你足够幸运，其中某个创意甚至可以带给你名望或财富。在商业上，一个好主意可以价值数百万。我只是组合了一些简单而独特的东西，赚了很多钱。但是我警告你，当你成功地提交了第一个专利时，你会开始忘记想法来自哪里，告诉人们想法是从天而降的。不是因为你是小偷，或者你在撒谎，而是因为这是创意好像真的是不请自来的。尤其是当你变得更加熟练地"借用创意"时，大部分功劳是属于潜意识的。它开始变得像魔法一样,即使与学习驾驶汽车没有什么不同。我告诉你,只是提醒你,创意过程的核心是借用。记住:你的想法是其他想法的孩子。如果你记住这一点,那么误解的雾就会消散。

现在,当你踏上自己的创意之旅,你知道你在寻找创意。像寻找完美的海浪一样,这是一场冒险。如果你继续寻找,就要走少有人走的路,你可能会发现自己在一艘海盗船上,在一个遍布含磷生物的海湾,最终你能找到这个世界上最完美的海浪作为你的游乐场。不要只是坐在那里等待它来找你。你需要去有类似问题的地方探险,寻找可以借用的想法。这是每个创意构建的方式,无论是商业理念、科学观念、娱乐理念还是一个砂锅新配方的创意。没有绝对的原创思想。原创建立在其他创意的基础上,创意是借来的。

现在是,以前是,将来也是。

好好想想吧。

长途跋涉的最后一步

六个月的纳税时间点很快。我们雇佣了史塔夏、约翰和弗莱德,我们打算把税法转化为印度的程序员的逻辑。在汤姆的指导下,来自 Intuit 的首席开发人员创建了软件架构,这是产品的底层结构。金和我布置了该网站和产品的用户界面。克里斯设计了整个网站。

发布前一个月，我们花光了所有的钱。我已经拿出了我所有的积蓄。这个项目比我们想象的更大。我把房子进行二次抵押，把赌注放在黑色区域，让轮盘赌轮再次旋转。我们不停歇地追逐着。

在发布前几周，首席开发人员退出了我们的团队。他给我们发了一封电子邮件，并告诉我们它永远不会工作起来。他说我们做得太大太快，没有足够的资源来完成。我真想去他家动用私刑，把他倒挂在他家前院的棕榈树上狠狠抽他的屁股。汤姆冷静下来，说他不认为这是个好主意。

"别担心，"汤姆说，"有信心，我们能做出来。"

晚上我再次开始喝酒。这似乎对我来说已经轻车熟路。我感觉脚下都是流沙，我快要被吸进去了。莫汗是我们从加利福尼亚州的离岸团队聘请的程序员，他渐渐取代了主要开发人员。他回应了汤姆的情绪。"别担心，要有信心，我们可以做到。"

我们选在1月1日发布。程序运行一遍后，测试系统中出现348个错误。糟糕！这些错误让我们无法发布这个版本的软件。我将错误列表发送给印度的团队。他们修复了错误。几天后，我们再次运行它。现在有612个新的错误。我们走错了方向。

结　论　少有人走的路

时间用完了，钱也用完了！汤姆取出另一半积蓄投入到下一轮，而我已经用完了我的所有储蓄，抵押了我的房子，我只好打电话给我的前妻泰莉，告诉她我需要一些钱。我告诉她只是短期的周转。一旦我们推出这个软件，我们就会赚到数百万美元。

"你确定吗？"她问。

"别担心，"我回答说，"我有信心，我们会成功的。"于是她使用信贷，把房子二次抵押，为我筹来了现金。我把我和汤姆的钱一起放在黑色区域，我们再次转动转盘。

几个星期过去了。我们知道税收季节在1月份的最后一天到达高峰。我们把那一天当成我们的新目标。我们齐心协力，整晚都保持着清醒状态。最后，我们再测试一次。我亲自上阵。没有错误！

"我们发布吧！"我尖叫起来。

"好的，"汤姆说，"不过我们还不知道，把它放在荷载下会发生什么事情。到时候会有数百人同时使用它。"

"希望没问题，"我说。

汤姆和莫汗准备着程序，施展着他们的魔法。我们的软件连接到了IRS网站。我们成功了。每个人都站在莫汗身后观看接下来会发生什么。我也忍不住看着他的电脑。我们的一切都在轮盘赌的黑色区域飞奔着：我的储蓄、我的家、我前妻的家、汤姆的储蓄、一切。我坐在角落里看着每个人的脸，看着屏幕。莫汗轻击了一下电脑。我不知道他在做什么。汤姆坐在他旁边。脸是煞白的。面无表情。现场十分安静。

"天哪！"汤姆说。"你们都来看看呀。"

结　语
多么漫长崎岖的旅程

> 有时灯光全部洒在我身上
> 有时我什么都看不到
> 然后它就发生在我身上
> 多么漫长崎岖的旅程啊
> 　　　　　　　杰瑞·加西亚

在我到达 Kingsbury Grade 时，太浩湖在我脚下展开。比我之前见过的更大、更亮、更蓝。我把车停在路边，走下来。自从我上次来到这片蓝色世界已经五年了，我错过了这么久，我以为我永远回不来了。当我站在这里，我意识到我从来没有从这个角度欣赏这片湖。有六条路能进入盆地，但我从来没有从 Kingsbury Grade 进来过。我简直无法呼吸。它比我想象的更漂亮。

我们已经在网上推出税务软件 6 个月之久，几天之前，我已经签署了合同，成功地向 H & R Block 出售了 Taxnet。当汤姆和莫汗让网站成功地运行时，他想给我看的是好几百位用户在第一时间登录使用。

虽然我们错过了税收季很大的一部分时间，但我们仍然完成了电子化，为本季度提供了超过13万份纳税申报单。这引起了 H & R Block 的关注，他们向我们的软件支付了数百万美元，让我们去他们公司的税务软件部门工作。这不及五年前留在桌子上的5 000万，但是足以偿还一些债务，在太浩镇购买一个美丽的小屋，所以我完成了旅途，结束了长途跋涉回到家乡。

那天下午我回到"湖上的杰克"酒吧。在酒吧的尽头，还是那个靠近出口的拐角处，我坐在老地方，但不是为了方便逃跑。我已经胜利归来，要同我的朋友"斯托利和克兰"酒一起庆祝。调酒师蒂姆在这工作了五年，他转过头看着我。一点也不惊讶。

"和平时一样吗，戴夫？"他问。

"是的，蒂姆。给我来一杯。"我回答。

起初我觉得他在开玩笑。我有五年没来过这里了，但他的表现就像我昨天在这里。他微笑着递给我一杯酒，转身为另一个客户服务。他不是在开玩笑。他不知道我已经走了五年。时光如流水匆匆而去，我已经被流水冲走了，但不知何故，我又漂流回到同一个地方。真是奇怪。他不知道我心里有多高兴，我终于回来了。

结　语　多么漫长崎岖的旅程

　　我开心地端起酒杯，走到餐厅后面的甲板。这是一个明朗的春天，天空中没有云。当我站着欣赏湖泊和周围的山峰时，突然意识到我从来没有爬过这里的任何一座山。我算了算。这里有 18 个不同的山峰，有几个约莫 4 000 米高，还有十几个 3 000 米高。我凝视着湖南部的 Freel Peak，那是最高点，我想知道站在那里往下看是什么感觉。

　　回到酒吧，我把"斯托利和克兰"酒放在柜台上，旁边放上一张 20 美元的钞票，然后便离开了。几年后，当我坐下来写这些话的时候，我意识到我从来没有喝过庆祝我回归的庆功酒。我忘了。

　　真是太不可思议了！

戴维·科德·穆雷
加州，太浩镇

附 录

六个步骤的总结
一页纸总结创意的六个步骤

第一步：定义——定义你要解决的问题。创意是针对一个问题的最终方案。对问题的定义，决定了解决问题的方式。错误是由于解决过于狭隘或过于广泛的问题而导致的。所以，使用观察法来确定尽可能多的问题，然后从高级别到低级别问题排序。

第二步：借鉴——从具有类似问题的地方借鉴创意。它们是解决方案的建筑材料。使用问题定义，从具有类似的地方借鉴，从竞争对手开始，然后再寻找另一个行业，最后看看外面的行业，比如科学、艺术或娱乐，看看他们如何解决这个问题。

第三步：组合——连接这些借来的想法。组合是创意的本质。所以，使用上一步的借用材料，找到一个适当的比喻来构建新想法。换句话说，使用现有的想法，通过建立比喻，扩展它，形成新概念的框架，然后在比喻失效的情况下丢弃它。

第四步：孵化——让组合孵化成一个解决方案。潜意识更擅长组合。要做到这一点，多给潜意识一点时间，让意识安静下来，这样你可以倾听潜意识说话。使用工具，如：睡觉、暂停，把它放在一边，听一听误解的声音。换句话说，通常最有效的思考根本就不是思考。

第五步：判断——确定解决方案的优点和弱点。判断是观点的结果。直觉是判断的结果。使用积极和消极的判断来分析你的解决方案，确定想法的优缺点。这会带来创造性的直觉。

第六步：提升——强化优点，消除弱点。创意可以通过试错、调整而进化。它们会自我组织。返回前五个步骤，调整想法：重新定义；重新借鉴；重新组合；重新孵化；重新判断一切。你所做的这些事情的顺序因不同的创意而不同，因为创作过程可以自我创造。

致 谢

更换职业是困难的,特别是在生命的后半部分;我们倾向于舒适地做我们习惯的事情。这么多年我学到了一件事,如果你想成功,你必须和优秀的人结伴。这就是我所做的,因为我试图改变我的职业,成为一个作家。我想感谢我最喜欢的作者之一的唐·诺曼,感谢他的建议,并把我介绍给他的代理人桑迪·迪克斯特拉(Sandy Dijkstra),他给了我机会,成为我的代理人。桑迪和她的团队,埃莉斯·卡普纶(Elise Capron)和吉尔·马萨尔(Jill Marsal),不仅售出了这本书的版权,而且帮助我集中精力搭建这本书的整体架构。桑迪向我介绍了拉里·罗斯坦(Larry Rothstein),他协助我写了这本书的大纲,然后在整个写作过程中与我保持一致,在我失望的时候给予鼓励,给我前瞻的目光,并在我保持书的结构化同时让我尽情创造。拉里是我的监护人,因为我在作家地狱的黑暗中跋涉,最后完稿回到了光明世界。然后,我要感谢比尔·新科(Bill

Shinker），哥谭出版社的出版商，他教我如何分解手稿，让我的想法更容易被理解，能让人更愉快地阅读。最后，感谢哥谭的编辑杰西卡·辛德勒（Jessica Sindler），她花了时间和精力仔细地解释了我初稿中的问题，指导我通过二次重写和三次重写的痛苦过程（其实是第五稿和第六稿，但不要告诉她）。杰西卡很厉害。

这本书伪装成一本很薄的回忆录，里面有我生活的故事，以及在我试图过一种创意人生时所学到的东西。在这个故事中，三个人改变了我的商业生涯，给我上了新的一课，为我指引了一个新的生活方向，也是最好的方向。第一位是我父亲约翰·穆雷，他说服我取得结构工程学位，永远改变了我思考的方式，并给予我信息大胆思考。第二位是我的姐夫克里斯·布鲁姆（Chris Broom），他给了我资本，开创了我的第一家公司，永远改变了我的职业发展方向，并给予我信心大胆做事。第三个是汤姆·阿兰森，当我失去了我的公司和人生所有的储蓄后，是他救了我，给了我一个新的开始。这三个人改变了我的生活，我非常感谢他们。

然后我还要感谢我欣赏的人。我从他们身上学习，创造了自己。这本书中的许多想法都源自我对他们的知晓、听从和学习。首先，我的妈妈南希·穆雷，这本书要献给她，她教我离开沙发去实践，走出去生活。我希望我能让她满意。我的

致 谢

女儿凯蒂·穆雷（Katie Murray）每天都在教我生活，教我开心，教我建立友谊。还有泰莉·穆雷（Terri Murray），凯蒂的妈妈和我的前妻，总是支持我，即使我们不在一段婚姻关系里了。我的朋友和 Preferred Capital 公司的商业伙伴路易·施耐德（Louis Schneider），尽管我几年没见过他，但幽默感和人生观仍然能让我开怀一笑。我的太浩湖的朋友兰迪·布雷切（Randy Brecher），比我所知道的任何人都要专注，他试图假装他是一个成年人，但他不知道我知道他不是大人。我的朋友卡米尔·米勒（Camille Miller），为了不同而喜欢不同，我喜欢她。黛博拉·普林斯（Deborah Prince）帮助我架构了这本书中的一些故事，并教会我早点起床，做点事情，因为这是她做的。最后是我的两个最好的朋友，他们和我一起组成了《神勇三蛟龙》[①]：戴维·梅耶斯（David Meyers）和金伯利·贝宁登多（Kimberly Benintendo）。戴维用他对生活的热爱和激情激励着我。金以热情的、无条件的方式激励着我，除了在家庭问题上，她总是站在我的身边，不管人生的起起落落，永远不会动摇自己的立场。有他们成为我最好的朋友，我已别无所求。最好的我，是从最好的我的家人和朋友那里借来的。我欠他们良多。

[①]《神勇三蛟龙》是约翰·兰蒂斯执导的一部美国喜剧片，讲述了三位饰演默片时代西部片英雄的演员，被邀请到一个墨西哥小村落帮忙打跑不法之徒。

出版后记

俗话说，"天下文章一大抄，看你会抄不会抄"，这句话常用来讽刺那些"伸手党"。然而，如果把"抄"替换为"借鉴"，这句话还是很有道理的。

很多被人们视为榜样的创新大师，他们天才的创意其实也是通过借鉴别人的成果而实现和成功的。往近了说，比尔·盖茨把别人不成熟的 QDOS 改良后卖给了 IBM，获利十亿美元；苹果公司的精神领袖乔布斯早期也挖角施乐公司，用施乐公司研发的鼠标和图形视窗界面做出了麦金塔电脑。往远了说，牛顿、爱因斯坦、爱迪生、莎士比亚、米开朗基罗等大师的伟大发现或者创造，也是在借鉴前人甚至是同辈人成果的基础上达成的。无中生有的创意非常罕见，因此著名作家史蒂芬·金说："模仿先于创作。"

如果说借鉴创意不可避免，那么问题的关键就是如何借鉴，本书重点讲述的就是借用创意的方法。本书把创新分为两个阶

出版后记

段,第一个阶段可以概括为"深度模仿",这一阶段可以分三步走:其一,找到自己根本需求;其二,跨界寻找可以借鉴的创意;其三,混搭式模仿。第二个阶段可以概括为"弯道超车",借鉴的目的绝非和借鉴对象并肩而立,而是要超越借鉴对象,成就卓越,这一阶段也可以分三步走:其一,在借鉴的基础上继续创新;其二,改善借鉴对象的不足之处,日臻完美;其三,形成独具一格的创新体系。这两个阶段和六个步骤,共同组成了一整套借鉴创意的方法论,在实际操作阶段具有很强的参考价值。

实际上,绝大多数的创意都是从学习和借鉴开始,因此本书介绍的借鉴创意的方法,也可以说是普遍适用的创意方法。在买方市场的大环境下,好的创意价值非凡,希望本书能给你发展自己的事业带来一些启发。除了这本书之外,我公司出版的同类书《深度模仿》《超预期》《极简法则》等,也从不同侧面介绍了创新的方法,欢迎关注。

服务热线:133-6631-2326　188-1142-1266
读者信箱:reader@hinabook.com

后浪出版公司
2017 年 11 月

图书在版编目（CIP）数据

如何打造你的爆款创意 /（美）戴维·穆雷著；苏予译 . -- 南昌：江西人民出版社，2018.7
ISBN 978-7-210-08494-5

Ⅰ.①如… Ⅱ.①戴… ②苏… Ⅲ.①商业经营—通俗读物 Ⅳ.①F715-49

中国版本图书馆CIP数据核字(2018)第051359号

BORROWING BRILLIANCE: The Six Steps to Business Innovation by Building on the Ideas of Others by David Kord Murray
Copyright © 2009 by David Kord Murray
Simplified Chinese translation copyright © 2018 by Ginkgo(Beijing) Book Co., Ltd.
Published by arrangement with the author through Sandra Dijkstra Literary Agency,Inc.in association with Bardon-Chinese Media Agency
ALL RIGHTS RESERVED
本书中文简体版归属于银杏树下（北京）图书有限责任公司。

版权登记号：14-2018-0065

如何打造你的爆款创意

作者：［美］戴维·穆雷　译者：苏　予
责任编辑：辛康南　特约编辑：高龙柱　筹划出版：银杏树下
出版统筹：吴兴元　营销推广：ONEBOOK　装帧制造：墨白空间
出版发行：江西人民出版社　印刷：天津翔远印刷有限公司
889 毫米 × 1194 毫米　1/32　10.5 印张　字数 167 千字
2018 年 7 月第 1 版　2018 年 7 月第 1 次印刷
ISBN 978-7-210-08494-5
定价：48.00 元
赣版权登字 -01-2018-171

后浪出版咨询（北京）有限责任公司 常年法律顾问：北京大成律师事务所
周天晖　copyright@hinabook.com
未经许可，不得以任何方式复制或抄袭本书部分或全部内容
版权所有，侵权必究
如有质量问题，请寄回印厂调换。联系电话：010-64010019